THEATERBIBLIOTHEK

Das Thema könnte brisanter gar nicht sein: Es heißt: strukturelle Arbeitslosigkeit – es ist das Dilemma der westlichen Industrie- und Wohlstandsgesellschaft. Doch anders als sonst wird das Thema ganz vom Kopf her aufgezäumt. Nicht um underdogs geht es, sondern um Top Dogs. Um Spitzenmanager also, die im Zuge global bedingter Umstrukturierungen entlassen wurden und die sich jetzt, zwecks Schockabfederung, Enttäuschungsverarbeitung und späterer beruflicher Reintegration, in einem Zürcher Outplacement-Büro zusammengefunden haben.

Wichtig ist der Perspektivenwechsel. Präsentiert wird ein Königsdrama der Wirtschaft, nicht ein Kleine-Leute-Stück. Das bugsiert das Spiel aus den Grauzonen der üblichen Sozialreportage heraus, sichert ihm überraschende Einsichten – und Witz: Ein klein wenig Schadenfreude, natürlich, ist auch dabei – schon tröstlich zu wissen, daß es auch »die da oben« jederzeit treffen kann. Lachend, bestens unterhalten, aber immer wieder auch in Beklommenheit begreifen wir: Da ist etwas faul, nicht nur im Staate Helvetia; da bahnt sich weltweit ein ziemlich wölfischer Kapitalismus seinen Weg – in seiner Inhumanität notdürftig getarnt hinter den phraseologischen Fassaden eines dynamischen Neoliberalismus; da wird der Mensch, sofern er nicht gerade als Verbraucher benötigt wird, zunehmend überflüssig; da müssen Manager nicht nur ihre Untergebenen, sondern am Schluß auch sich selbst entlassen – das ist die groteske Logik der Ökonomie. Die Globalisierung frißt ihre Kinder.
Aus Gerhard Jörders Preisrede auf Top Dogs beim Berliner Theatertreffen 1997

Urs Widmer
Top Dogs

Verlag der Autoren

Die Deutsche Bibliothek – CIP-Einheitsaufnahme
Widmer, Urs:
Top dogs / Urs Widmer. – Frankfurt am Main :
Verl. der Autoren, 1997
  (Theaterbibliothek)
  ISBN 3-88661-189-2

7. Auflage 2004

© Verlag der Autoren, Frankfurt am Main 1997
Alle Rechte vorbehalten, insbesondere das der Aufführung durch Berufs- und Laienbühnen, des öffentlichen Vortrags, der Verfilmung und Übertragung durch Rundfunk, Fernsehen und andere audiovisuelle Medien, auch einzelner Abschnitte. Das Recht der Aufführung ist nur zu erwerben von der Verlag Der Autoren GmbH & Co KG, Schleußenstraße 15, 60327 Frankfurt am Main, Telefon 069/238574-20, Fax 069/242776444,
e-mail: theater@verlag-der-autoren.de
Satz: SVG, Satz- und Verlags-Gesellschaft mbH, Darmstadt
Druck: betz-druck GmbH, Darmstadt
Printed in Germany

Top Dogs

PERSONEN

Die handelnden Figuren wurden bei der Uraufführung nach den Schauspielern benannt, die sie spielten. So heißen sie also:

JULIKA JENKINS
SUSANNE WRAGE
DODÓ DEÉR
URS BIHLER
HANSPETER MÜLLER
E. HEINRICH KRAUSE
MICHAEL NEUENSCHWANDER
GILLES TSCHUDI

Dazu acht ebenfalls als Top Dogs gekleidete Hilfskräfte, die die Tribünen verschoben und manche Szenen durch ihre Sichtbarkeit bereicherten.

1. GIPFELKONFERENZ

Alle. Die Schauspieler kommen einzeln auf die Bühne. Alle essen ein Gipfeli. Deér tritt auf. Er weiß noch nicht Bescheid im Ritual des Outplacement-Büros. Er wird eingekreist.

JENKINS Jenkins.
DEÉR Sehr erfreut. Deér.
BIHLER Bihler.
DEÉR Deér.
MÜLLER Müller.
DEÉR Deér.
NEUENSCHWANDER Neuenschwander.
DEÉR Deér.
KRAUSE Krause.
DEÉR Deér. Freut mich.
TSCHUDI Tschudi.
DEÉR Deér.
JENKINS Achter Monat.
DEÉR *ohne zu verstehen* Achter Monat?
BIHLER Sechster Monat.
KRAUSE Dritter Monat.
DEÉR Aha.
MÜLLER Drei Monate.
DEÉR Ja.
JENKINS Und Sie?
NEUENSCHWANDER Fünfzehn Tage.

DEÉR Ah ja.
TSCHUDI 238 Stunden.
WRAGE *energisch auftretend* Herr Deér! Sie sind also Herr Deér. Wrage.
DEÉR Guten Tag, Frau Wrage.
WRAGE Ich bin Beraterin der NCC, »New Challenge Company«. Sie haben sich für die erste Begegnung just unser wöchentliches informelles Treffen ausgesucht. Gut. Sehr gut. Wir nennen das die Gipfelkonferenz. Es gibt Gipfeli für alle, Sie verstehen. Gipfelkonferenz.
DEÉR Sehr gut!

Heiterkeit. Allerdings versteht Deér nur Bahnhof.

WRAGE Bedienen Sie sich. Es gibt auch Kaffee.
DEÉR Danke. Die oberste Etage hat mich gebeten, mit Ihnen Kontakt aufzunehmen. Wir hatten ein ausführliches Gespräch. War gut und intensiv. Doch. Haben nochmals die ganzen Probleme durchgesprochen, wie mein Arbeitsbereich im Catering genauer definiert werden könnte. Und ich soll mich bei Ihnen kundig machen, inwieweit irgendein Synergieeffekt zwischen meiner und ihrer Arbeit herstellbar ist.

WRAGE Nun, im Groben wissen Sie natürlich Bescheid.
DEÉR Sehr im Groben. Sie müssen mir das mal ganz genau erklären. Das mit Ihrer NCC lag am Schluß plötzlich auf dem Tisch, ziemlich abrupt.
WRAGE Deswegen sind Sie ja da, klar.
DEÉR Ich sage meinen Mitarbeitern immer: Sie müssen mit der Lupe hinschauen. Der Teufel steckt im Detail. Und daran halte ich mich natürlich auch selbst.
WRAGE Herr Deér, die NCC ist eins der größten Outplacement-Unternehmen am Markt, Lizenzträger der »Myer Myer Boswell« in New York. Das sichert uns einen Marktvorsprung im Know-how und, wichtiger noch, eine einzigartige internationale Vernetzung.
DEÉR Verstehe.
WRAGE Wir haben Partner in zweiundzwanzig Ländern und können unsere Klienten ALL OVER THE WORLD vermitteln. Nach allen Ländern der EU, Kenia, Mexiko, Japan. JUST NAME IT.
DEÉR Aha.
WRAGE Was alle Damen und Herren hier verbindet: Sie sind vom Verlust ihres Arbeitsplatzes betroffen und erwarten von uns eine

optimale Unterstützung bei ihrer Karrierefortsetzung in einem anderen Unternehmen.
DEÉR *nimmt die anderen wie neu wahr; als hätten sie die Lepra* Die da, die stehen alle auf der Straße?
WRAGE Hier ist jeder in der gleichen Lage.
DEÉR Ja. Das kommt jetzt immer häufiger vor.
WRAGE Sehr gut! Was leistet unsere Organisation, und wie leistet sie es? Als wir vor zehn Jahren hier in der Schweiz unsere Tätigkeit aufnahmen, waren wir ein Nischenprodukt in einer intakten Arbeitswelt. Zwar war die Hochkonjunktur am Abklingen, darum ja unsere Anstrengungen, uns auch am Schweizer Markt zu positionieren, aber in den Köpfen des mittleren und höhern Kaders gab es noch kaum irgendwelche Gedanken an einen möglichen Verlust des Arbeitsplatzes.
DEÉR Ja, ja. Wir restrukturieren ja auch massiv. Grad nochmals tausendzweihundert Stellen abgebaut. Aber nicht in meinem Bereich. Das Catering ist stabil.
WRAGE Ja.
DEÉR Einzelne Fluktuationen allenfalls.
WRAGE Gut. – 1986 vermittelten wir ganze fünfzehn Herren! Waren bereits zwei Damen unter den Herren. *Kleine Heiterkeit.* Heute haben wir mehr als neunhundert Kli-

entinnen und Klienten per annum, und wir haben unsre Tätigkeit auch auf nicht deutlich qualifizierte Arbeitsplätze aus dem untern Segment ausgedehnt. Wir bieten jetzt dreitägige Crash-Programme in Gruppen an, für eine erfolgreiche berufliche Neuorientierung auch im LOW-SALARY-Bereich.

DEÉR Die da?

WRAGE Nein, nein. Die Damen und Herren haben alle der Leitungsebene angehört. »Top Dogs«. Ihre Preisklasse, wenn ich das mal so flapsig sagen darf. Unser Kerngeschäft bleibt die intensive Arbeit mit Klienten wie Ihnen. *Deér versteht »wie ihnen«, das heißt wie mit denen da, nickt anteilnehmend.* Wir führen sogar das SENIOR-EXECUTIVE-PROGRAMM, das von Konzernchefs in Anspruch genommen wird. Stellenlos gewordene Persönlichkeiten der Führungsspitze.

DEÉR Mußte ja selber Mitarbeiter entlassen. Als wir das Catering auslagerten, neunzehnzweiundneunzig, haben wir mehr als tausend Stellen abgebaut. Gute Leute, waren zum Teil seit Jahren dabei gewesen. Ist ein menschliches Problem, so was. Andererseits, im Kader, das ist einfach im Anforderungsprofil, so was wegstecken zu können.

WRAGE Ich muß sagen, Herr Deér. CHAPEAU!

Aber eigentlich schüttelt es jeden. *Pause.* Entscheidend für unsre erfolgreiche Arbeit ist, daß diese immer und in jedem Fall vom ehemaligen Arbeitgeber finanziert wird. Dabei berechnen wir ganz bewußt eine Pauschale und nicht etwa ein Honorar, das sich nach der Vermittlungsdauer richtet. Denn so haben auch WIR ein vitales Interesse daran, unsere Klienten schnell zu plazieren. Und optimal. Wir garantieren, sie ins Programm zurückzunehmen, wenn es mit dem neuen Arbeitgeber innerhalb eines Jahres zu Unstimmigkeiten kommen sollte.

DEÉR *vertraulich* Denen da geb ich keine Chance. Zu alt, zu unbeweglich, zu teuer.

WRAGE Sagen Sie das nicht. Wir hatten einen Herrn, Mitte fünfzig, der tauchte fünfmal wieder hier auf. Zuerst dachten wir, es liege an uns. Dann, daß es doch an ihm liegen könnte. Aber nein. Heute ist er Direktor eines führenden Touristikunternehmens und verbringt die meiste Zeit an sonnenüberfluteten Sandstränden. *Heiterkeit.*

DEÉR Ist bei mir nicht drin, Ferien. Bin ja ursprünglich Maschineningenieur. Workaholic. Daß ich bei der Swissair gelandet bin, an der Front zuerst, dann im Catering, hat sicher damit zu tun. Sechzehnstundentage.

Wer beim Catering dabei sein will, muß Tag und Nacht am Ball sein. »Lead, follow or get out of the way«, nicht wahr. *Lacht.*

WRAGE Gut. Wie im Konkreten läuft also unsre gemeinsame Arbeit ab? Wir stellen unsern Klienten hier eine Infrastruktur zur Verfügung, ähnlich der, die sie von ihrem frühern Arbeitgeber her gewöhnt sind. Computer, Fax, Telefon, Sekretariat für alle Schreibarbeiten, Fachliteratur, Kaffeemaschine und und und. Stellensuche ist ein Full-time-Job. Das werden Sie bald feststellen.

DEÉR Ja, sicher. *Schweigen.* Kann ich mir vorstellen. *Schweigen.* Wieso werde ich das bald feststellen?

WRAGE Ja was denken Sie, weshalb Sie hier sind, Herr Deér?

DEÉR Sagte ich Ihnen. Ich soll in Erfahrung bringen, inwieweit wir unsre Arbeitsbereiche füreinander nutzbar machen können.

WRAGE Wieso wohl zahlt Ihre Firma dreißigtausend Franken dafür?

DEÉR Wofür?

WRAGE Sie sind entlassen worden! Herr Deér! Entlassen!

DEÉR Ich??!

WRAGE Ja. Sie.

DEÉR Entlassen? – Hören Sie. Das hätte man mir gesagt.
WRAGE Man HAT es Ihnen gesagt!
DEÉR Wer? Wann?
WRAGE Sie haben es nicht gehört.
DEÉR Aber.
WRAGE Nicht verstanden.
DEÉR Aber das gibt es doch nicht, daß einer das nicht hört. Daß er entlassen worden ist.
WRAGE Doch. Oft. Kopf hoch, Herr Deér. Wir haben bis heute noch jeden Klienten vermittelt. Sozusagen jeden.
DEÉR Ich will Ihnen mal was sagen, liebe Frau Wrage. Natürlich hat sich die Swissair verändert in den knapp dreißig Jahren, die ich nun mal dabei bin. Ich sehe auch, was bei der Swissair läuft. Was wollen Sie? Eine Airline muß international kompetitiv sein, ohne Heimatsentimentalität. Aber, Frau Wrage! Für uns langjährige Mitarbeiter ist die Swissair trotzdem so was wie die Schweiz selber. Immer noch. Kennen Sie das nicht, das Herzklopfen, wenn Sie in Bangkok plötzlich das Schweizerkreuz auf dem Flugfeld sehen? Die Swissair, das sind wir. Sie und ich. Das ist wie ein Körper. Ich bin die Hand oder das Bein, das können Sie nicht einfach so wegamputieren. Wer bei der Swissair ist, der ist

daheim. Der arbeitet zu Hause, im eigenen Haus, für das Land, für uns alle. Wir sind eine Familie. Wir gehören alle zusammen. Auch wenn das Catering jetzt ein autonomer Bereich ist, wir sind Swissair-Männer und -Frauen. Einer wie ich ist bei der Swissair sein Leben lang. Sie können ja auch nicht sagen, der Vater, die Mutter, die Geschwister, die sind jetzt nicht mehr meine Familie. Die sind Ihr Schicksal.

WRAGE Herr Deér. Jede Entlassung ist auch eine Chance. Sag ich den Damen und Herrn hier auch immer wieder.

DEÉR Im guten wie im bösen.

WRAGE Die Unternehmen entlassen nicht nur, sie suchen auch. Verzweifelt! Mit der Lupe oft! Leistungsorientierte, flexible und belastbare Mitarbeiter. Mobil. Begeisterungsfähig. Wie Sie, Herr Deér. Wie ein jeder und eine jede hier.

DEÉR Als ich anfing, flogen wir noch mit der Constellation. Wir waren Jahr für Jahr die airline number one. In meiner Zeit wurden die Destinationen nach Afrika und Fernost massiv ausgebaut.

WRAGE Jetzt müssen wir das Vertrauen entwickeln, daß es für Sie in dem Maße leichter wird, Ihre Karrierefortsetzung erfolgreich zu gestalten, wie Sie sich durch den emotionalen Prozeß der Enttäuschungsverarbeitung durcharbeiten. Verstehen wir uns, Herr Deér?

DEÉR Natürlich verstehen wir uns, Frau Wrage. Ich habe damals die Reorganisation im Catering selber maßgeblich begleitet. War sogar meine Initiative, kann man in gewisser Weise so sagen. Mir war klar, daß wir HIER schwarze Zahlen schreiben konnten, anders als im reinen Flugbetrieb. Heute sind wir grundsolide. Das ist nicht wie bei der Mutter.

WRAGE Sie müssen jetzt zu Ihren ureigensten Gefühlen finden, Herr Deér.

DEÉR Tu ich, tu ich. Ich habe damals auch durchgedrückt, daß wir eine Arbeitsbereichsanalyse gemacht haben, Büro in London, Top-Adresse. Hatten dann allerdings wenig Ahnung von den spezifischen Anforderungen hier in der Schweiz. Die haben manchmal mit mir geredet, als ob ich den ganzen Tag nur die Gabeln und Löffeln zählen würde, die Löffel und Gabel, meine ich, die Teller und Tasser. Tassen.

WRAGE Herr Deér. Ich verstehe Ihre Erregung sehr gut.

DEÉR *erregt* Ich bin nicht erregt! Ich bin völlig cool! Der Catering-Bereich setzt im Jahr

mehr als eine Million Mahlzeiten um, worldwide. Wir beliefern siebenunddreißig Airlines, von der Singapore bis zur Edelweiss.
WRAGE Sie sehen ja selbst, wie Sie das emotional involviert.
DEÉR Catering ist ein hochsensibler Bereich. Ich weiß nicht, ob Sie das wirklich überblikken, liebe Frau Wrage. Ich MUSS nicht mit Ihnen zusammenarbeiten.
WRAGE Natürlich müssen Sie das nicht, ...
DEÉR ... Da gibt es Dutzende von Firmen wie Ihre, die würden mit Handkuß mit der Swissair zusammenarbeiten ... Mit Handkuß ... mit Handkuß ...
WRAGE ... aber überlegen Sie sich unüberlegte Schritte zweimal. Sie sind jetzt geschockt. Wir unterstützen Sie nicht nur logistisch, sondern auch psychologisch.
DEÉR Und wir haben riesige Zuwachsraten, wir sind in nur vier Jahren das drittgrößte Catering-Unternehmen der Welt geworden. Alles lief problemlos. Und dann höre ich, daß sie einen SAS-Mann holen wollen, exakt meine Qualifikation. Einkauf, auch er. Ohne mich in der Sache auch nur zu begrüßen. Hab den sogar schon gesehen. In meinem Büro. Saß darin als seis seins.
WRAGE Ist seins.

DEÉR Saß an meinem Schreibtisch! Füße drauf, im Stuhl zurückgelehnt, telefoniert dröhnend! Wie kommt der dazu?
WRAGE *heftig* Es ist sein Büro!
DEÉR *ebenso, Echo* Das ist mein Büro!
WRAGE Sie haben kein Büro mehr!
DEÉR Da könnten Sie recht haben! Lange mach ich das nicht mehr mit! Nicht mehr lange!
WRAGE *wieder gefaßt* Wir federn den Schock der Entlassung ab. Wir erfassen Ihre Persönlichkeitsstruktur auf Grund von umfangreichen Tests. Wir trainieren das Vorstellungsgespräch. Bis hin zum Erscheinungsbild des Probanden. Die Krawatte zum Beispiel.
DEÉR Wenn ich den Einkauf nicht mehr mache, wenn das diese Pfeife von der SAS macht, dann werden die ja sehen. Smörrebröd auf Fernostflügen. Sie werden sehen. Die haben doch keine Ahnung. Also mir ist das egal. Scheißegal. – Was für eine Krawatte?

Schweigen. Dann:

WRAGE Ihre Krawatte, Herr Deér. Nur zum Beispiel. *Jäh fällt uns auf, daß die anderen Herren dynamische farbenleuchtende Kra-*

watten tragen. Ist in keinster Weise persönlich gemeint. Aber dieser Wimpel da signalisiert jedem Personalchef: Schiff in Not. Dabei sind wir nicht im geringsten in Not, Herr Deér, nicht wahr. – Schenken Sie die, wenn Sie rausgehen, dem nächsten Obdachlosen. »Häsch mr e Schtutz?« – »Nei, aber e Krawatte.« *Heiterkeit des Chors.* Und warten Sie mit dem Kauf einer neuen, bis unsere Beraterin Ihr Erscheinungsbild evaluiert hat. – Noch Fragen?

Pause. Dann:

DEÉR Haben Sie was gesagt?
WRAGE Wir fangen jetzt an, Herr Deér.

2. HEUTE SIND WIEDER DIE CHURCHILLS GEFRAGT

Bihler, Tschudi.

BIHLER *Chefpose* Herr Tschudi. Danke, daß Sie gleich rüberkommen konnten. Ich kenne ja Ihren Terminkalender. Ein, zwei Minuten nur. Wir redimensionieren das Management. Sie waren ja selber am Konzept beteiligt und haben ihm zugestimmt. Ich habe jetzt von jedem meiner Mitarbeiter auf der mittleren und höheren Managementebene eine Leistungsanalyse erstellen lassen. Kinley and Finley, Sie haben sich ja mit den Herren unterhalten. Die sind zum Schluß gekommen, daß Sie sich zu sehr auf Ihren Lorbeeren ausruhen, Tschudi. Natürlich haben Sie Leistung erbracht. Selbstverständlich. Aber Lorbeeren gehören auf den Kopf, in die Suppe vielleicht, aber nicht unter den Hintern. Ich muß mich auf den Ersten Dritten von Ihnen trennen.

TSCHUDI Aber wieso, ich habe doch immer ...
BIHLER Es ist vorbei mit den fetten Jahren. Da haben wir gerade im Management großzügig eingekauft. Auf Halde sozusagen, nur für den Fall, daß. Und damit die Konkurrenz die nicht kriegt. Leute mit dreihunderttausend per annum und einem Output von plus minus Null. Jetzt sitzen wir mit einem Überhang an Managern da. Die Schweiz ist keine Insel der Seligen mehr. Jetzt bläst auch bei uns ein kalter Wind. Wir müssen ein GLOBAL PLAYER sein, oder die Konkurrenz dreht uns die Luft ab. Wir sind nicht mehr 1980. Wo soll ich einen wie Sie einsetzen, Tschudi, in diesem neuen Klima, das ja schon

weit härtere Burschen schier umbringt. Jüngere. Sagen Sie doch selbst.

TSCHUDI Einer in meinem Alter hat ein Know-how, das nicht so leicht ...

BIHLER Im Krieg brauche ich andere Männer als im Frieden. Heute brauche ich Generäle, die als allererste in den Dschungel gehen. Die draufhalten können. Heute gibt es echte Tote. Sie müssen mit dem Flammenwerfer in die Konkurrenz rein und die ausräuchern. Sonst sind SIE dran. Churchill war im Frieden eine Niete. Aber im Krieg war er ein As. Heute sind wieder die Churchills gefragt.

TSCHUDI Wie wollen Sie die laufenden Projekte mit Leuten, die keine Ahnung ...

BIHLER Ich bin froh, daß Sie das ansprechen. Ich wollte es eben selber tun. Natürlich, die laufenden Projekte. Ich mache Ihnen einen Vorschlag. Ich kenne Ihre Qualitäten, Tschudi. Und unter uns, gerade um Sie tut es mir besonders leid. Ich bin sehr froh, daß ich Ihnen für Ihr laufendes Projekt einen Teilzeitvertrag anbieten kann. Befristet. Übers Gehalt einigen wir uns sicher, da sind sicher fünfzig Prozent Ihrer bisherigen Bezüge drin, wenn nicht mehr.

TSCHUDI Fünfzig Prozent? Aber das sind ja dann ganze ...

BIHLER Da draußen sind Hunderte von solchen wie Sie einer sind. WHITE-COLLAR-Schrott. Die kriechen auf den Knien in mein Büro, nur um von mir einen Vertrag zu kriegen, für die Hälfte, ohne Sozialabgaben, ohne Alterssicherung. Ich muß nur so machen. *Schnipst.* Business, das ist Krieg. Blut und Tränen. So ist das.

TSCHUDI *schreit* Sie sind ein Monster. Ein Monster sind Sie. Mit mir machen Sie das nicht. Nicht mit mir. *Will ab. Aber:*

BIHLER *ganz anderer Ton, den Tränen nahe* So hat der mit mir geredet. Wörtlich so. Fast wörtlich. Mehr als zwanzig Jahre lang habe ich ein Know-how für die Firma aufgebaut, da können Sie lange suchen. Und dann eliminiert der ganze Managementebenen mit einem Federstrich. Eine flache und transparente Führungsstruktur, schnelle Entscheidungsprozesse, und dann ein paar junge Spunde, die mit den Flammenwerfern. Die bearbeiten jetzt den asiatischen Raum. Rein in den Markt und ausräuchern. Manche kommen da natürlich im Leichensack zurück, eine Handvoll Kohle. Aber die Hälfte schafft es. Der Markt, das ist ein Schlachtfeld. Der Handel ist Krieg. Blut und Tränen.

TSCHUDI Nehmen Sie es nicht zu tragisch. Herr Bihler. Es spricht für Sie, daß Sie nicht alles mitmachen.
BIHLER *schluchzend* Genau.
TSCHUDI Die sind wie die Säue. Da haben Sie ganz recht. So was wie ne Ethik, eine Moral, das war einmal. Die scheuen vor nichts zurück.
BIHLER *sich allmählich erholend* Woher wissen die überhaupt, daß ich das nicht könnte? Beim Militär war ich Panzerfahrer, da hab ich jede Menge Infanterienester plattgefahren.
TSCHUDI Das haben wir hinter uns, Gott sei Dank.
BIHLER Supponiert natürlich. War ja kein Ernstfall weit und breit.
TSCHUDI Das war ein Festtag, als ich den ganzen Krempel zurückfaßte, für immer!
BIHLER Wer sagt, wenn man mir einen Flammenwerfer gibt, daß ich das nicht kann? Gerade im asiatischen Markt. Die Asiaten, die haben auch keine Hemmungen. Hat man in Vietnam gesehen, wie die mit den Amerikanern umgesprungen sind. Draufhalten, einfach draufhalten. Dann rennen die wie die Fackeln.
TSCHUDI Jetzt machen Sie aber einen Punkt.

BIHLER Richtiggehend gern würd ich das machen, voll Rohr den Feind wegfegen, und dann rein in den Markt und die strategischen Positionen besetzen, bevor die paar Überlebenden auch nur den Kopf heben.
TSCHUDI Beruhigen Sie sich doch.
BIHLER Da hätt ich richtiggehend Spaß dran.
TSCHUDI Jetzt gehen Sie aber zu weit.
BIHLER Wieso fragen die mich nicht mal? Können Sie mir das sagen?
TSCHUDI Ich habs gleich gesagt. Ein Monster.
BIHLER *stolz* Ja. Bin ich. Der Markt braucht heute Monster. Monster. Monster ...

Er entfernt sich aufgebracht, die Schlacht der Wörter beginnt.

3. DIE SCHLACHT DER WÖRTER

Alle.

JENKINS/WRAGE Slump, slump, slump.
MÜLLER Management-buyout.
KRAUSE Break-even-point.
WRAGE Kreativität.
NEUENSCHWANDER Point-of-no-return.

Deér Competition.
Müller New-public-Management.
Deér Cash-flow.
Jenkins Unternehmensphilosophie.
Wrage Firmenkultur.
Neuenschwander Anforderungsprofil.
Müller Marketingstrategie.
Krause Produktqualität.
Tschudi Einsatz.
Müller Finanzrahmen.
Deér Revolution.
Krause Umstrukturierung.
Jenkins Umsatzwachstum.
Bihler Produktionsausstoß.
Neuenschwander Leistungsanreiz.
Deér Projektmanagement.
Bihler Kostenkontrolle.
Krause Motivation.
Tschudi Belastbarkeit.
Wrage Kostenvorgabe.
Krause Produkttraining.
Deér Investitionsstrategie.
Neuenschwander Marktabklärung.
Bihler Mitarbeiterzufriedenheit.
Wrage Optimierung.
Müller Echtzeitdatenbank.
Neuenschwander Leistungsbeurteilung.
Jenkins Job-sharing.

NEUENSCHWANDER Karriereanker.
WRAGE Arbeitsmarktfähigkeit.
KRAUSE Hot-line.
JENKINS Job-Portfolio.
WRAGE Effizienzsteigerung.
MÜLLER Total quality management.
KRAUSE Business reengeneering.
DEÉR Lean Management.
TSCHUDI Review-Kultur.
WRAGE Emotionsorientierte Führung.
BIHLER Kostenoptimierung.
MÜLLER All-you-can-afford-Methode.
JENKINS Cash-cow.
BIHLER Cross-Cultural-Management.
DEÉR Humankapital.
TSCHUDI Just-in-time-delivery.
JENKINS Reframing.
NEUENSCHWANDER Spill-over-effect.
TSCHUDI Leveraged-buyout.
BIHLER Management by delegation.
WRAGE Management by love.
DEÉR Optimum workforce mix.
KRAUSE Top-down-Management.
BIHLER Zero base budgeting.
JENKINS Social information processing approach.
KRAUSE Task-Force.
MÜLLER Technology assessment.

Neuenschwander Innovations-Management.
Tschudi Spin-off-Task-Force.
Wrage Konzentrationsvision.
Deér High-cost-producer.
Bihler Fringe benefits.
Müller Downsizing.
Krause Strong-buy.
Neuenschwander Outsourcing.
Müller Business Process Reengeneering.
Jenkins Interaktives Entlohnungsdesign.
Wrage Total-Quality-Programm.
Jenkins Outplacing.
Krause Szenario-Management.
Deér Sustainable Development.
Neuenschwander Global Manager.
Müller Corporate Identity.
Krause Hot Groups.
Jenkins Rapid Prototyping.
Wrage Recruitment.
Tschudi Kündigungskultur.
Jenkins Downward-mobility.
Bihler Weltmarkt.
Tschudi Marktmacht.
Deér Ökoeffizienz.
Bihler Konkurrenzdruck.
Tschudi Produkte-Pipeline.
Bihler Pre-Marketing.

KRAUSE Risikostreuung.
NEUENSCHWANDER Management-buyin.
JENKINS Job description.
NEUENSCHWANDER Assessment.
JENKINS Quality Control.
NEUENSCHWANDER Consumer demand.
JENKINS Shareholder-Value.
WRAGE Kompetenz.
MÜLLER Früh-Indikatoren.
KRAUSE Output.
DEÉR Purchasing.
BIHLER Bonus.
DEÉR Leadership.
BIHLER Motivator.
TSCHUDI Sales Training.
BIHLER Joint-ventures.
MÜLLER Strategische Allianz.
WRAGE Risikobereitschaft.
MÜLLER Training-on-the-Job.
TSCHUDI Fringe benefits.
KRAUSE Promotion.
WRAGE Know-how.
JENKINS Buy.
TSCHUDI Hold.
NEUENSCHWANDER Sell.
DEÉR Down-side-risk.
MÜLLER Up-side-potential.
KRAUSE Return on Equity.

BIHLER Zeithorizont.
TSCHUDI Aufbruchstimmung.
BIHLER Aggressives Wachstum.
MÜLLER Change-Management.
WRAGE Mean-and-lean-Management.
KRAUSE Teamplayer.
NEUENSCHWANDER Rationalisierungsschub.
BIHLER Wertsteigerung.

4. CAMP

Alle versammeln sich im Halbkreis, wie sie das schon oft getan haben: Jenkins ist die Psychologin.

4.1 Der erste Fall

JENKINS Wenn ich bitten darf. Vielleicht Sie zuerst, Herr Müller?
MÜLLER Ich? Ja? – Ja also, im wesentlichen hatte ich persönlich keine Probleme. All die Probleme, die bei einer Entlassung so im allgemeinen. Ich hatte da per saldo keine Probleme. Gut, ich bin der emotional stabile Typ, da hab ich einfach Glück. Ich will es

ganz kurz machen. Also das war so: Ich bin Projektleiter bei der Interstorm, ich war Projektleiter. Hochleistungsturbinenbau, verantwortlich für ein Projektvolumen von vier- bis fünfhundert Millionen. Kraftwerk in der Türkei. Wurde in die Konzernzentrale nach Ouchy geladen, das ist bei Lausanne, auf der grünen Wiese. Nicht in Zürich. Ja, ich dachte, es hängt mit dem laufenden Projekt zusammen. Wir hatten da ein paar Probleme mit der Hardware, Transportverzögerungen bei den Laufachsen. Aber auch Schwierigkeiten mit den Software-Beziehungen. Unsre Ingenieure kriegten sich ständig mit den einheimischen Arbeitern in die Wolle. Ich fuhr also nach Ouchy. Ahnungslos. Wie die Jungfrau zur Schlachtbank. Zum Glück treff ich im Lift den persönlichen Referenten des obersten Chefs, mit dem hatte ich zwei, drei Mal zu tun gehabt. Er warnte mich vor, ich meine, daß ich jetzt. Ja. Und so hatte ich dann keine Probleme, als der Chef mir das sagte, daß ich. Ich war regelrecht gut drauf, holte meinen Block aus der Tasche und sagte, am besten, wir halten die Konditionen der Trennung schriftlich fest. A, B, C. Hab alles gleich festgeschrieben. Dieses Outplacement zum Beispiel, habe ich ihm abgehandelt. Er unterschrieb alles ohne einen Einwand. War ihm auch unangenehm, der ganze Vorgang. Wir kennen das ja ... na dann fuhr ich nach Hause. Sagte es meiner Frau. Nein. Das hatte ich ja schon vom Autotelefon aus getan. Vor dem Konzerngebäude, ich mußte da sowieso warten, weil mir so schlecht war. So eine kleine Übelkeit. Zu Hause, das war dann ein bißchen ein Problem, meine Frau nahm es am Anfang nicht ganz leicht. Für eine Frau ist so etwas emotional schwieriger. Aber jetzt ist sie wieder auf dem Damm. Also, wie gesagt, im wesentlichen keine Probleme, per saldo, bei mir.

4.2 Der zweite Fall

WRAGE Ich war Finanzanalystin bei der Chase Manhattan. Meine Kündigung traf mich überraschend. Kam schriftlich. Ein paar Zeilen. Ja. Ich war zehn Jahre lang verantwortlich für the global-investor-relationship. Ich habe eigenständig die Firma bei road-shows und Analystenkonferenzen vertreten. Ich habe Vorträge gehalten, Panel-Gespräche geführt und Präsentationen durchgeführt. Ich würde sagen, überaus erfolgreich. Gut, die wollten die sofortige Trennung, gestern noch. Konnten sie haben. Kriegten sie. Ich habe bei Kuoni eine dreiwöchige Reise in die Karibik gebucht. Das Beste vom Besten. Wenn die wollten, daß ich nicht mehr für sie: bitte. Sonne, Sand, tiefblaues Wasser. Alles fünf Sterne. Ich blieb da drei Wochen. Toll. Doch, war eine tolle Zeit. Hätt ich nie gehabt ohne die Kündigung. Nein.

4.3 Der dritte Fall

NEUENSCHWANDER Ich war zuständig für die Freizeitkultur des Konzerns. Großbank. Fitneß, Schwimmbad, Sauna. Hab die ganze Organisation unter mir gehabt, Planung, Jahresbudget, Unterhalt. Tennis. Komme vom Tennis, war einmal ATP 314. Ich war immer schon ein WINNER-Typ. Hab einmal gegen den jungen Connors gespielt, gut, die ersten beiden Sätze gingen zu Null verschüttet, aber den dritten hab ich sechs zu eins verloren. – Habe dann auch im Betrieb die Tennisstunden gegeben. Waren sehr gut besucht, waren fast ein MUST ab einer bestimmten Managementebene. Ich hatte an jedem Tag so meine vier bis fünf Lektionen. Schwer zu sagen, wann das anfing. Die Herren kamen jedenfalls immer unregelmäßiger. Und wenn sie da waren, spielten sie immer aggressiver. Bälle volles Rohr mitten in mein Gesicht. Haßausbrüche, wenn ein Netzroller in ihr eigenes Feld zurückgefallen war. Schläger so wegschleudern, daß ich mich gerade noch bücken konnte. Da mußt du ganz cool bleiben, ganz, ganz cool. Dann fangen die sich wieder. – Und dann kam überhaupt keiner mehr. Die saßen jetzt bis tief in die Nacht in der Firma. Arbeiteten sich die Lunge aus dem Hals. Da war kein Platz mehr für Tennis. Und Lust auch nicht. – Ich wurde in die Zentrale gerufen, und man teilte mir mit, daß meine Position ersatzlos gestrichen worden sei. – Ich hatte mir an genau dem Tag einen Porsche 911 gekauft. Schwarz. Rote Polster. Toller Wagen. Ja, wirklich, toller Wagen. Mag ihn sehr. Ich lebe ja jetzt allein. Hatte einen Golf, als meine Frau noch da war, den GTI. Den mit den HIGH-SPEED-COMPETITION-Reifen. Den nahm dann sie. Obwohl sie nie schneller als hundert fährt. Kein Vergleich, der GTI und der 911er. Zwei Welten. Wenn du einmal einen 911er voll auf Touren gebracht hast, nachts, nur du und der 911er, ehrlich, den GTI möcht ich nie mehr zurück.

4.4 Der vierte Fall

TSCHUDI Ich war an der Börse tätig. Brubble and Lee Ltd., das ist eine Finanzgruppe mit Sitz in Hongkong. Ich führte das Office an der Bahnhofstraße. Ich machte 2,3 Prozent aller Börsenumsätze, dabei hatte ich mit zwei Mann angefangen. Am Ende waren wir zweiunddreißig. Dann liefen da plötzlich Sachen, die gerieten in die Nähe des Strafgesetzbuchs. Von der Konzernleitung her, meine ich. Ich gehe da jetzt nicht ins Detail, aber ich hatte durchaus auf die Risiken hingewiesen, durchaus. Für die den Sündenbock spielen, also das nicht. Ich machte da nicht mehr mit und sagte das auch klipp und klar. Natürlich waren sie konsterniert. Ich hatte ja ein beträchtliches Kapital an internen Informationen. Dynamit. – Die oberste Etage kam zu dritt aus Hongkong. Zürcher Geschnetzeltes im Savoy. Sie hatten meinen Nachfolger schon mitgebracht. Na, wir trennten uns dann in gutem Einvernehmen, wenn man bedenkt, was ich aus dem Laden gemacht habe, kamen die noch gut weg. – Was soll ich sonst noch sagen? Ah ja, die Familie. Die Familie gibt mir viel.

4.5 Sie sind entlassen, Krause!

KRAUSE Ich hätte das nie gedacht, nie hätte ich das für möglich gehalten, eine Entlassung, was ist das denn schon? Du bist entlassen, na schön, da bist du eben entlassen, Hunderttausende sind entlassen, das ist ja keine Schande. Du stehst auf der Straße, auf der stehen Millionen. Da fällst du weiter nicht auf. Dafür ist sie da, die Straße, irgendwo müssen die Entlassenen ja stehen. *Kämpft mit den Tränen.*
JENKINS Macht nichts.
KRAUSE Hätt ich nie gedacht, daß ich so aus dem Leim gehe. Als der Henner mir das sagte. – Wir siezen uns zwar, er ist der oberste Boß, Henner Sie, Heinrich Sie, aber was haben wir nicht alles zusammen unternommen! – Als er es mir sagte, zur Tür hat er mich begleitet. Die Hand auf die Schulter gelegt. Grüße an zu Hause. So nett. Sie auch, sage ich. Und kaum war ich draußen, hat es mich nur so geschüttelt, geschluchzt habe ich, aber so was von geschluchzt, ich seh mich wie heut, was sind das jetzt, vier, fünf Monate vielleicht? Ich steh in der Tiefgarage neben meinem Auto und hämmer den Kopf gegen einen Betonpfeiler. Auch jetzt, wenn

ich dran denke, die Tränen ... An was soll ich sonst denken ... Da. Sehen Sie. Schon gehts wieder los.

JENKINS Gut. Weiter.

KRAUSE Woher hat der Mensch die vielen Tränen? Ich kann in keine Tiefgarage mehr. *Lacht.* Ist nicht so schlimm, mein Auto ist eh weg. Meine Mutter konnte nicht weinen, hatte chronisch verstopfte Tränengänge. Aber ich! *Kriegt von Bihler ein Taschentuch.* Danke. –

JENKINS *zu Bihler* Danke.

KRAUSE Und dann ging das mit Lichtgeschwindigkeit. Das Auto. Das Haus. Das Apartment in Savognin. Und die Frau, weg, mit allen Kindern, wunderbare Kinder, Sabine und, ja, der andre, der Bub, mir aus dem Gesicht, ... Pascal!, genau, Pascal: weg ist sie mit beiden. Wohnt jetzt im Seefeld. Sagt, ich sei ein Ungeheuer. Ein sentimentales Ungeheuer. Ein Versager. Ich schlafe nicht mehr. Ich bin todmüde und liege da und kann nicht einschlafen. Ich höre auf die Geräusche im Haus, ob meine Frau, ob sie die Koffer packt, dabei hat sie die Koffer vor Wochen schon gepackt. Kein Mensch im Haus, totenstill. Wie soll ich da schlafen. Ich erwürg die noch, alle drei. Ich bringe mich um. Seil,

Strick, in die Limmat, das ist gar nicht so einfach, sich umzubringen. Ein Hotelzimmer nehmen, oberster Stock, da hinunterzu... Ich bring mich um, das ist eins, was sicher ist.

Allgemeines Rumoren bei den andern Klienten. Anteilnahme.

JENKINS Herr Krause, wer wird denn gleich ...

KRAUSE Ich. *Greift sich in einem jähen Schmerz in den Nacken* Au.

JENKINS Was ist denn jetzt?

KRAUSE Da. Mein Nacken. *Hält ihn schief.* Seit ich entlassen bin, bin ich muskulär so... Sehen Sie. Au. Hier auch. Das ist ein Hexenschuß. Ein beginnender Hexenschuß. Der schießt einem ganz unvermutet ins Kreuz. Den spüre ich stundenlang vorher kommen, wie eine Ahnung, eine absolut sichere Ahnung. Jetzt. Da. Auu.

JENKINS Herr Krause, versetzen Sie sich in die Lage Ihres Chefs ...

KRAUSE Ich habe Ausschläge seither, Allergien, überall juckt es mich, unerträglich, an den Beinen, im Rücken, im After, Hämorrhoiden, da werden Sie wahnsinnig.

JENKINS Nur so ein Spiel, Herr Krause.

KRAUSE *räuspert sich hysterisch* Chch. Chch. Immer setzt sich da was fest. Chch. Da hinten. Chchchchchch. Brösel, ein Krümel genügt.

JENKINS Was würden Sie zu sich selber sagen ...

KRAUSE Jetzt! Da! Das Augenlid! Es zuckt immer. Sehen Sie!

JENKINS Was würden Sie zu sich selber sagen, wenn Sie Ihr Chef wären und sich entlassen müßten?

KRAUSE Ich? Zu mir?

JENKINS Ja.

KRAUSE Ich, ja, Herr Krause, würd ich sagen. Also das ist ja eine seltsame Sache, sich selber.

JENKINS Sie sind der Chef. Ihnen gegenüber steht Herr Krause. *Zu Bihler.* Sie sind so freundlich. Sie sind Herr Krause. *Zu Krause.* Sie sind gezwungen, Herrn Bihler zu entlassen. Herrn Krause, meine ich. Sich. Ihn. Bitte.

BIHLER Ja also, ich weiß nicht.

KRAUSE Also, Herr Krause. Ich bin gezwungen, Sie zu entlassen. *Herr Bihler nickt.* Sie haben ja zwar ganz ausgezeichnet, wirklich erstklassig, aber ich bin gezwungen, es tut mir außerordentlich leid, just den besten

Mitarbeiter eigentlich ... *Er kämpft mit den Tränen, wie vorher.*

JENKINS Ah, nein, nein, keine Tränen jetzt.

KRAUSE Keine Tränen jetzt, Herr Krause. Heinrich. Sie sind eine Heulsuse, das sage ich Ihnen jetzt ganz offen von Mann zu Mann, ein weinerlicher Waschlappen sind Sie.

BIHLER *spielt seine Rolle, weinerlich* Ich kann nicht anders, Henner. Es ist stärker als ich.

KRAUSE *ahmt ihn angewidert nach* Ich kann nicht anders, Henner. Es ist stärker als ich. – Ich kann Sie nicht ausstehen, Heinrich. Krause. Wie Sie dastehen mit Ihrem saublöden Babyface, tun so, als seien Sie ein Adler, Krause, dabei ist Ihre Nase ein einsames Erbstück von Ihrem Vater. DER war ein Adler, dem können Sie nie das Wasser reichen. Sie sind ein Kuckuck allenfalls, eine Ente sind Sie, ein Sittich. Ein Workaholic der dritten Art. Pathologisch. Die anderen Herren der Geschäftsleitung sehen rot, wenn sie Ihren Namen nur schon hören. Haben Sie eigentlich keine Frau?

BIHLER Doch, doch, ich habe natürlich eine Frau, Sie tragen mir doch immer Grüße für sie auf.

KRAUSE Wissen Sie denn nicht, was eine Frau will am Wochenende? FUN will die am Wochenende, ein kameradschaftliches SHOPPING am Samstagnachmittag, Mann, Krause, dann ein Dinner irgendwo mit einem guten Glas Roten, und dann heim und vielleicht daheim noch einen Schlummerwhiskey, ist Wochenende!, und dann Sex, Krause, Mann, eine Frau will Sex am Samstag!

BIHLER Sex.

KRAUSE Jede Frau will das, jede! Auch eine, die so gut aussieht wie Ihre, Krause. Sie hätten ja auch eine häßlichere heiraten können. Jetzt haben Sie die, und die will Sex am Samstag, und zwar etwas mehr als Beine in die Luft und zweimal rein und raus. Da müssen Sie auch mal Ihre Phantasie ins Spiel bringen. Die haben Sie ja in solchen Fragen, das weiß ich genau, Krause.

Bihler lächelt stolz, bescheiden, abwehrend.

KRAUSE Sex ist etwas anderes als Jogging. Ihre Frau will eine richtige Schweinerei mal, etwas, was jede Grenze überschreitet, wo man sich danach voreinander schämt, und es war doch einzigartig herrlich. Hämmern Sie sich das endlich in Ihren behämmerten Schädel. Krause.

BIHLER Ja, Herr Direktor. Henner.

KRAUSE Man könnte sich umbringen Ihretwegen. Einen steifen Nacken kriegt man. Hexenschuß. Alles juckt einen, von unten bis oben. *Räuspert sich wie vorher. Hysterisch. Zuckt mit dem Augenlid.* Sie sind ein Arschloch. Sie sind ein unerträgliches Arschloch, Krause. Schauen Sie mal in den Spiegel. Wenn ich Ihre Frau wäre, würde ich Ihnen noch gestern davonlaufen. Sie sind entlassen! – Geht das so?

4.6 Manöverkritik

Die Vorigen.

JENKINS Danke, Herr Krause. Vielen Dank. *Zu allen* Bitte. Wir wollen jetzt alle gemeinsam, in Form einer Manöverkritik, das Material auswerten, das uns Herr Krause vorgelegt hat. *Zu Herrn Krause.* Mein persönliches Feedback werde ich Ihnen später dann noch ausführlicher im persönlichen Gespräch. *Zu allen.* Was sagen Sie dazu? Sie vielleicht Herr Müller?

MÜLLER Ja, ich, Herr Krause hat sich der ihm gestellten Aufgabe mutig gestellt, möcht ich mal sagen. Vielleicht etwas emotional, nicht.

BIHLER Mir war das zu heftig. Muß ich ehrlich sagen. Ich bin mehr Sachlichkeit gewöhnt. Wir haben auch einen menschlichen Ton in der Firma. Aber so was, nein.

WRAGE Gerade die Fragen der privaten Emotionalität müßten in diesem Rahmen ja nicht so präzise angesprochen werden. Mein ich. Mit seiner Frau, das. *Schweigen.* Obwohl, ein gewisses Verständnis habe ich durchaus für Herrn Krause.

NEUENSCHWANDER *unterbricht, völlig unsensibel* Gibt es da Erfahrungswerte, wie lange man so Rollenspiele mitmachen muß?

JENKINS Herr Neuenschwander. Frau Wrage war wohl noch nicht ganz ...

NEUENSCHWANDER Ich meine, bis da ein Resultat herauskommt.

WRAGE Ja, ich wollte eigentlich sagen, in der familiären Situation, da kann man durchaus an die Grenzen der emotionalen Belastbarkeit kommen, in so einer Situation.

NEUENSCHWANDER Wie weit bringt das was, dieses Im-Kreis-Hocken hier, da muß doch was rauskommen dabei, meßbar.

JENKINS *zu Neuenschwander* Das Rollenspiel ist ein Baustein in einer Kette von persönlichkeitsstützenden Maßnahmen. Aber jetzt ist Herr Bihler zuerst dran.

BIHLER Und auch die innerbetrieblichen Abläufe, da ist ein bißchen was dran an den Ausführungen von Herrn Krause. Die sind ja doch oft extrem belastet in so Perioden.
MÜLLER Also ich kann Herrn Krause schon ein Stück weit verstehen, wenn ihm das etwas an die Nieren ging, der Verlust der Position.

Schweigen.

BIHLER Vor allem, wenn du über fünfzig ... Einer wie Herr Krause, hochqualifiziert, da hab ich nicht die geringsten Zweifel. Aber er ist um die fünfzig, da kriegt er kein Bein mehr auf den Boden.
JENKINS Na, na.
WRAGE Das ist vorbei, würd ich auch meinen.
JENKINS Unsere betriebsinterne Statistik zeigt, daß sich auch Kandidaten Ihrer Altersgruppe optimal plazieren lassen.
MÜLLER Nun ja, aber der Fakt ist, daß die über Fünfzigjährigen generell zu teuer sind. Und daß man sie schon gar nicht nimmt, wenn sie unter ihren alten Preis gehen wollen.
JENKINS Sie müssen positiv denken! *Zu Herrn Krause.* Herr Krause, Danke. Ich denke, das hat Ihnen sicher etwas gegeben. Ja?

KRAUSE *zuckt mit den Augenlidern* Ja. Ich möchte mich auch bedanken. Bei Ihnen allen. *Anderes Symptom.* Es wäre mir nicht recht, wenn Sie hier den Eindruck gehabt hätten – *Neues Symptom* – ich sei unter einem besonders hohen emotionalen Druck ...

4.7 Der vierte Fall (2)

TSCHUDI *Krause das Wort abschneidend* So. Jetzt sag ich auch mal was. So eine Entlassung ist de-mü-tigend. De-mü-tigend. Die Polizei im Haus, die Steuerfahndung. Die haben mich wie einen Kriminellen behandelt! Schlüssel abgeben, die Kreditkarten, am gleichen Tag noch. Hausverbot! Das Auto mußte ich stehen lassen, wo es war. Mußte zu Fuß zum Taxistand! – Ich mietete bei Avis genau den gleichen Typ, Chrysler Saratoga, gleiche Farbe. Kam nach Hause wie immer. Sagte meiner Frau nicht, daß ich entlassen war. Konnte es nicht. Den Kindern schon gar nicht. – Jeden Morgen bin ich in die Stadt gefahren. Ins Kino gegangen bis zum Abend. Tag für Tag. – Und dann, mitten in Jurassic Park, reißt es mich hoch. Ich stürze ins Freie, nach Hause, und rufe schon unter der Haustür: »Senta! Senta?!« Meine Frau heißt Senta. Ich will es ihr endlich sagen. – Sie wußte es schon. Sie wußte es seit zwei Wochen. Sagte kein Wort. Wir aßen zusammen, redeten übers Geschäft, und sie wußte es. Wir haben sogar miteinander geschlafen, und sie stöhnte und keuchte, so wie die Frauen das halt so tun. Sie hat es die ganze Zeit gewußt! Der Nachbar hatte es ihr gesagt. Den Kindern auch. – Ich schrie und tobte. Riß sie an den Haaren. Schlug sie, daß sie aus der Nase blutete. – Am nächsten Tag hatte ich so einen Kopf. Sie machte mir einen Kaffee. Und saß dann neben der Couch, bis es mir wieder besser ging. Ja.

4.8 Der zweite Fall (2)

WRAGE Ich habe das vorhin etwas verkürzt erzählt. Die Karibik-Reise. Sauteuer, habe ich schon gesagt, nicht. Schon am ersten Abend in der Bar überfällt mich eine regelrechte Panik. Ich nehme ein Dormicum, das ist ein Schlafmittel, fällt dich wie einen Baum. Am Morgen zehntausend Erdnußschalen ums Bett herum, Schokoriegelpapiere. Ich hatte im Dusel die ganze Minibar leergefressen. – Ich zog den Bikini an, aber das wars dann. Ich ging nicht aus dem Zimmer. Ging NIE aus dem Zimmer. Drei Wochen lang. – Ich telefonierte mit meiner Mutter und schaute im Fernsehen Baseballspiele an. Aß kaum etwas, Zimmerservice. Die schauten schon etwas verwundert. Eine innere Stimme befahl mir, den ganzen Urlaub abzusitzen wie eine Gefängnisstrafe. Am Schluß hatte ich einen gräßlichen Schnupfen und Telefonkosten, die fast nochmals so hoch wie das ganze Ferienarrangement waren.

4.9 Der dritte Fall (2)

NEUENSCHWANDER Ich will zu dem, was ich vorher gesagt habe, nur noch anfügen, wegen dem Porsche. Ist ein 911er. Meine Frau ist ja mit dem Golf weg. Dem GTI. Ich mochte den eigentlich. Hatte so was Herzliches. – Jetzt lebe ich eben allein. – Der Porsche steht also da in der Garage, fabrikneu. Sechsundfünfzig Kilometer, gerade die Überführung. Ja, und ich setze mich jeden Morgen hinein, stelle den Motor an, laß ihn aufheulen, richtig kommen, singen, bis tief in den roten Bereich. Eine Viertelstunde lang, eine halbe. Fahre nie weg. Fuhr kein einziges Mal weg. Ich bin mit dem Porsche keinen Meter gefahren seit ... Nicht einen. Nur in der Garage.

4.10 Der erste Fall (2)

MÜLLER Ja, also, »keine Probleme«, das war vielleicht ein bißchen falsch gesagt. Als der Chef es mir sagte, das war wie, wie eine Eisenstange war das, voll ins Genick geschlagen. Ja. Draußen, im Auto, wurde mir schlecht. Ja. Ich rief meine Frau an, sagte es ihr, ja, und dann fuhr ich heim. Mit dem automatischen Piloten, nicht. – Zu Hause sitzt meine Frau auf der untersten Treppenstufe und hat den Kopf in den Armen und weint. Weint, weint. Hört nicht mal, daß ich reinkomme. Ein Häufchen Elend. Zittert am ganzen Körper, sie, die sonst so stark ist. Drei Tage lang hat sie geweint. Eine so solide Frau, so optimistisch, drei Tage lang. Ich mußte den Notarzt kommen lassen. Der hat sie hospitalisiert. Psychiatrie. – Jetzt geht es wieder. Diese Medikamente sind schon sehr gut. Gut, sie ist ein bißchen gedämpft. Aber alles in allem geht es sehr gut.

5. GANGÜBUNGEN (1)

Die Gangübungen sind Pausenfüller, können auch gestrichen werden. Wenn sie gemacht werden – wie in der Zürcher Aufführung während der Verschiebung der Tribünen –, steigern sie sich von 1 bis 3 vom »Normalen« ins Groteske.

TSCHUDI *zu Deér* Ja, Tag, Herr Deér. Sie wissen ja, worum es geht. Und wenn nicht, werd ichs Ihnen erklären, im Lauf der Übungen. So! Als erstes machen Sie einfach ein paar Schritte, so wie Sie das gewöhnt sind, jeden Tag, aus dem Bauch heraus einfach ein paar Schritte. *Deér geht.* Wunderbar! *Deér geht weiter.* Das reicht, das reicht. Herr Deér. Das ist der sogenannte »Ist-Zustand«. Ja. Jetzt möcht ich Ihnen gern, anhand von zwei, drei Manipulationen an Ihrem Körper zeigen, wie Sie von innen und dann natürlich auch als Ausstrahlung ein ganz neues Lebensgefühl kriegen. Als erstes: Die Schultern sind viel zu weit vorn, die müssen weiter nach hinten. *Korrigiert.* So! Und auch der Kopf. Sehen Sie, wichtig ist, daß der Kopf die Fortsetzung der Wirbelsäule ist. Stellen Sie sich vor, daß Sie da an einem Faden am Himmel befestigt sind. Sehr gut, jetzt gehn Sie mal ein paar Schritte. *Deér geht.* Ja, sehr schön, genau das, ja, halt, halt, nicht so weit. Ich muß ja regelrecht hinter Ihnen dreinsprinten. Gut. Als nächstes, schauen Sie: Die Hände. Das ist eine sogenannte Abwehrhaltung. *Er korrigiert. Deér geht.* Sehr gut. Jetzt drehen Sie sich um. Jetzt noch zu den Füßen, sehen Sie, das ist ein, so ein Schneepflug. Das können Sie auf der Skipiste machen, aber hier nicht. Parallel! Nein, nein, nicht so. *Deér korrigiert seine Haltung.* So. Jetzt gehn Sie mal ein paar Schritte. *Deér geht.* Ja! Also ich hab schon ein sehr gutes Gefühl! Wie gehts Ihnen? Prima, nicht wahr?

DEÉR Ganz was anderes!

TSCHUDI Sehr gut, Herr Deér. Das reicht für heute. Es hat mich gefreut. Ich hoffe, daß Sie das so behalten können.

DEÉR Danke schön.

TSCHUDI Das ist ja das Wichtigste. Auf Wiedersehn. Bis zum nächsten Mal.

6. BLÖDE KUH

ER: Herr Michael Neuenschwander
SIE: Frau Julika Neuenschwander-Jenkins
DER PSYCHOLOGE: Müller

PSYCHOLOGE Herr Neuenschwander. Frau Neuenschwander-Jenkins. Sie beide waren in den letzten Monaten einem beachtlichen affektiven Streß ausgesetzt. Alles anders als zuvor. *Zu ihr.* Danke, daß Sie heute auch dabei sind, Frau Neuenschwander-Jenkins. Ich weiß, daß Sie Ihrem Gatten den unabdingbaren emotionalen Halt geben, damit er seinen Alltag unbelastet angehen kann. Eine Frau ist ja sozusagen die Tankstelle, wo der Mann seine Batterien wieder aufladen kann, um es mal so zu formulieren. *Zu beiden.* Nur, das geht auch der Frau an die Substanz, wenn der Entlassene plötzlich den ganzen Tag über zu Hause ist. Der ganze Ablauf ist gestört. Er steht zwar um sechs Uhr auf, wie immer, frühstückt, liest die Zeitung. Aber dann geht er nicht weg. Geht und geht nicht. *Zu ihr.* Das kostet Kraft. *Zu ihm.* Und umgekehrt, Sie, Herr Neuenschwander, Sie haben schon genug Probleme am Hals, und jetzt ist da ständig auch noch Ihre Gattin, nicht.

ER Genau. Entsetzlich.

SIE Michael. Das sagst du heute zum ersten Mal, daß ich entsetzlich bin. *Zum Psychologen.* Das meint er nicht wirklich so.

PSYCHOLOGE Ich schlage vor, im Sinne eines kleinen Rollenspiels, Sie beide zeigen mir mal, wie Sie beide das erleben.

SIE *zu ihrem Mann* Wir haben es doch schön zusammen, gerade auch jetzt, in Leid und Not.

PSYCHOLOGE Wie sieht denn bei Ihnen so ein Morgen aus?

SIE Wir stehen auf, und dann frühstücken wir in der Küche. Michael liest die Zeitung, und ich, ja, ich, ich ...

ER Du redest.

SIE Ja.

PSYCHOLOGE Sehr schön. Zeigen Sie mir das mal. Ganz natürlich. Es ist Morgen. Sie sind in der Küche, in der gemütlichen Ecke. Das Frühstück ist beendet.

ER Ja. Ich wills versuchen. *Zu ihr.* Öhhh. Julika. Hast du gut geschlafen, mein Liebes?

PSYCHOLOGE Halt, das habe ich vergessen. Sie drehen die Rollen um. Tun wir immer. Wir haben damit sehr produktive Erfahrungen gemacht. *Zu ihm.* Sie sind also Ihre Frau. *Zu ihr.* Und Sie spielen Ihren Mann.

SIE Oh.
ER Das kann ich nicht.
PSYCHOLOGE Und wie Sie das können. Bitte.
ER Ich bin also zu Hause, und ich bin meine Frau.
PSYCHOLOGE Richtig.
ER Und sie ist mein Mann?
SIE *scharf* Jetzt tu nicht immer so begriffsstutzig. Ich bin du und du bist ich. Ist das denn so schwer zu begreifen?
PSYCHOLOGE Ah, ah, Frau Neuenschwander-Jenkins. Sie sind jetzt Ihr Mann. Sie dürfen nur wie er sprechen.
SIE Das tu ich ja. So spricht er mit mir. *Zu ihm.* Julilein? Will das nicht in dein Spatzihirnilein hinein, Julimaus?
PSYCHOLOGE Genau so. *Zu ihm.* Bitte. Hier ist die Küche. Die ungewaschenen Kaffeetassen. Der Müll. All das.
ER Ja. *Versucht es.* Öhh. Michael. Hast du gut geschlafen, mein Lieber?
PSYCHOLOGE Aber Sie haben doch längst gefrühstückt und die Zeitung gelesen und und und, und jetzt soll der neue Tag beginnen.
ER Ja. *Versucht es nochmals* Ich weiß, Michael, daß ich dich nicht stören soll am Morgen, wenn du die Zeitung liest. Du hast ja auch eine schwere Zeit jetzt, das weiß ich auch, und

ich will dir ja auch gar nicht lästig fallen, wenn ich so früh am Morgen mit dir rede. Ich hab dich ja lieb. Jetzt um so mehr, wo du keine Arbeit hast, und so schrecklich viel leere Zeit, und die Nachbarn es nicht wissen dürfen und du immer sagen mußt: »Danke, es geht wunderbar, ich habe ein paar Tage Urlaub genommen.« Ich habe dich schrecklich lieb, aber ich rede nun mal am frühen Morgen, ich kann nicht anders, Michael, ich weiß, daß dus nicht ausstehen kannst, aber ich rede wie ein Wasserfall, ich habe eine regelrechte Morgenlogorrhö, obwohl ich nicht weiß, was das bedeutet. Ich rede einfach, Michael, ob du zuhörst oder nicht. Ich brauche das, daß du mit mir redest am frühen Morgen, ich bin sonst den ganzen Tag unglücklich, wenn du nicht mit mir geredet hast, obwohl sonst kein Mann auf der ganzen Welt mit seiner Frau redet am so frühen Morgen.

Sie als ihr Mann, reagiert überhaupt nicht.

ER Ich spreche mit dir, Michael!
SIE Hast du etwas gesagt, Maus? *Zum Psychologen* Er hört nie zu, und er sagt immer Maus, wenns brenzlig wird. Ich kanns nicht ausstehen, dieses »Maus«. *Zu ihrem Mann*

als sie selbst. Maus. *Wieder als ihr Mann.* So ein Haushalt ist doch nicht die Welt. Wenn ich in der Firma eine Entscheidung treffe, dann geht das um ein Volumen von hundert oder auch achthunderttausend Franken. Die Kaffeetasse da, Maus, wenn du die fallen läßt: fünfachzig. In Wirklichkeit ist die längst abgeschrieben. Kein Buchwert mehr. Plus das bißchen Waschmittel. Peanuts. Was soll da dabei sein, an so einem Haushalt.

Er Du könntest vielleicht mal den Müll in den Container tragen, Hasi. *Zum Psychologen* Sie sagt Hasi zu mir. Hasi!

Sie Spinnst du eigentlich, Julika? Bei mir geht Tag für Tag ein Kostenvolumen von einer Million über den Schreibtisch, und du kommst mir mit Kaffeetassen.

Er Ja, ich weiß, ich höre dir eben nie so recht zu, wenn du mir etwas erklärst, Michael. Ich tu immer so, als hätt ich von Tuten und Blasen keine Ahnung. Ich bin halt ein kleines Dummchen, ein Schäfchen, eine Kuh, eine dumme, saublöde Kuh.

Sie *immer noch als ihr Mann* Ich bin der Mann. Ich bringe das Geld. *Zum Psychologen, aus der Rolle fallend.* Gar nichts bringt er inzwischen. *Wieder in der Rolle.* Ich bringe das Geld nicht. Nichts bringe ich. Seit acht Monaten bringe ich nichts. Aber ich führe mich immer noch auf, als brächte ich das Geld. Zweihundertfünfzig Mille im Jahr, ist das nichts, Julika? Plus Extras, außerordentliche Zahlungen, komm ich glatt auf dreihunderttausend. Netto. Und du, Julika? Hast du eigentlich jemals über deinen Buchwert nachgedacht, Julikamaus? Wie hoch evaluierst du deinen Abwasch? Das Abstauben? Das bißchen Small talk, wenn du mich zu einem Kundenessen begleitest? Zehn Franken? Hundert? Seien wir großzügig. Tausend. Setzen wir tausend auf die Haben-Seite. Und sonst? *Zum Psychologen.* Die Tankstelle, hätt ich fast vergessen. *Zu ihm.* Aber fikken tust du ja wohl gratis. *Zum Psychologen.* Entschuldigung. Ist mir rausgerutscht.

ER *aus der Rolle fallend* So reden wir nie. Nie.
SIE *dito* Ich nicht. Du schon.
ER *immer noch aus der Rolle, zum Psychologen* Entspricht das Ihren Spielregeln, daß die so reden darf?
PSYCHOLOGE *zu ihm* Wir haben vielleicht noch nicht ganz alles. Bitte. Sie sind Julika.
ER Na schön. *Als seine Frau.* Also, Michael. Du könntest, du könntest den Müll in den Container hinuntertragen. Hab ich schon mal gesagt. Nur den Müll.

Sie *auch wieder in der Rolle* Könnte ich. *Zum Psychologen, in der Rolle bleibend.* Meine Frau sagt zu mir, meine eigene Frau, dieses an keiner Börse notierte Wesen da sagt zu mir, zu Herrn Doktor Michael Neuenschwander, ich soll den Müll in den Container hinuntertragen. *Zu ihrem Mann.* Ich soll also den Müll in den Container hinuntertragen. Ja, meinst du, Julika, ich habe acht Semester Betriebswirtschaft studiert, um jetzt den Müll in den Container zu tragen? Du hast sie wohl nicht alle, Maus?!

Er Maus, Maus, Maus, welche andere Frau wird von ihrem Mann »Maus« genannt?? Es ist aus mit der Maus, Hasi! Aus, aus, aus!

Sie *ebenso erregt* Aus, aus, aus. Genau. *Schweigen. Zum Psychologen, als sie selbst.* Er rastet leicht aus in letzter Zeit, wenn ich was sage.

Er *dito* Nein. Ich denke, es liegt durchaus an mir. Ich bin irgendwie ungeduldig. *Zu seiner Frau.* Gell, Liebes. Tut mir leid, all das. Du weißt schon.

Sie Ja, mein Schatz. Ich bin ja auch kein Engel. *Schweigen.* Und nimm endlich den Müllsack, nimm ihn endlich. Jeder Idiot kann den Müll in den Container tragen. Aber einer muß es tun.

ER Ja, Julika.
SIE Du mußt den Sack zuschnüren, bevor du ihn runterträgst.
ER Ja, Julika.
SIE Mit einer Doppelschleife. Sonst geht der Sack auf, wenn ihn die Müllmänner in den Wagen schmeißen. Und du hast den ganzen Dreck auf dem Trottoir.
ER Mach ich, Julika. Gleich wenn wir zu Hause sind.
SIE Natürlich, wenn wir zu Hause sind. Doch nicht hier. Wir tragen doch nicht DEM seinen Müll runter.

7. GANGÜBUNGEN (2)

Diesmal ist Deér der Lehrer, Tschudi der Klient.

DEÉR Herr Tschudi, Sie sind schon wieder zu spät. Ich möchte Sie darauf aufmerksam machen: Outplacement, das ist kein Wochenend-Workshop. Auch da gilt: Time is money. So, wir beginnen mit Ihnen wie mit allen andern. Mit ein paar Schritten. So wie Sie es gewöhnt sind. Alltäglich, ja?

TSCHUDI Ganz einfach ein paar …?
DEÉR Ganz einfach, ja! *Tschudi geht.* Jawohl! Sehr gut! Drehn Sie sich mal um. Aha! Sehn Sie, Herr Tschudi, das nennen wir den »Ist-Zustand«, und an dem möchten wir ein bißchen arbeiten. Weil, Körper machen Leute, nicht Kleider. Sie wirken zaghaft. Sie machen sehr kleine Schritte, und Sie schauen meist, wenn Sie nicht gerade mich anschauen, in den Boden hinein. Das macht sehr defensiv. Versuchen Sie mal mittelgroße Schritte zu machen, und einen Horizontblick. Verstehen Sie, was ich meine? Geradeaus schauen! Nicht wie ein Kieselstein!
TSCHUDI Ja, ja.
DEÉR Bitte.
TSCHUDI Kieselstein. *Er geht los.* Die Füße einfach geradeaus?
DEÉR Ja. Jawohl. Die Schrittlänge ist sehr gut. Wenn Sie mit den Armen, schaun Sie mal, Sie, Sie biegen die Arme so nach außen, als hätten Sie Flügel. Und dann versteifen Sie sich da oben in der Nacken- und Schulterpartie. So. Alles locker, die Arme einfach frei schwingen lassen. Ja. Ja. *Tschudi geht.* Ja, au, nein, nein! Das ist so was wie ein Paßgang, Pferde galoppieren so. *Er zeigt den Fehler.* Bißchen seltsam so, hä? Sie denken zu viel!

Sie denken zu viel! Es ist ganz einfach. Geben Sie sich ein bißchen Mühe!

TSCHUDI Ja, ich gebe mir ja, ich ...

DEÉR Denken Sie dran, üben Sie ein bißchen, vor allem, etwas größere Schritte! Horizontblick!

TSCHUDI Ja, ich wills versuchen.

8. DIE TRÄUME

Alle.

8.1 Menschliche Beziehungen

KRAUSE Einmal Zeit haben für menschliche Beziehungen. Ich meine, wenn du im Arbeitsprozeß steckst, anders geht das ja auch nicht, da bist du so stark von deinen Zielvorgaben in Anspruch genommen, daß dir kaum Zeit übrigbleibt für den Menschen, der hinter jeder Hardware steht. Das geht echt verloren in einer Arbeitsbeziehung, daß hinter jedem Projekt immer auch ein Mensch steht. Mit seinen Freuden, mit seinen Leiden. Ich würd mich ungeheuer gern gerade auch mal dem menschlichen Leiden stellen, mit vollem Engagement, nicht nur so nebenbei, jetzt wo ich die Zeit dafür habe. Wie Henri Dunant, als er übers Schlachtfeld ging und all das Grauen sah, in den napoleonischen Kriegen, in Italien. Ein ungeheuerliches menschliches Leiden war das damals, das gibts heute gar nicht mehr, so was. Die ganze Hardware im Eimer, einfach alles, Kutschen, Geschütze, Panzer, Feldküchen, im Schneematsch abgesoffen. Da blieb dann nur noch der Mensch übrig. Allein im Sterben, wenn ihm nicht Henri Dunant mit seinem Roten Kreuz beisprang. So was tät ich fürs Leben gern mal, diesen Ärmsten der Armen das Sterben erleichtern. Ich surfe zum Beispiel immer wieder im Internet rum, hab ja jetzt Zeit. Ist eine ungeheure menschliche Bereicherung. Ich meine, man fühlt sich ja zuweilen ein bißchen einsam, live, nicht. Ist normal. Die Kollegen, die Nachbarn, die Zunft, da ist man naturgemäß allein. Jeder. Im Internet, gut, du kannst nicht eigentlich das Leiden deines Nächsten lindern, das ist schwierig heut, das ist fast unmöglich heutzutage. Hab ich gestern abend gemacht. Hatte zuerst einen aus Bosnien dran, aber irgendwie, ich weiß nicht, Australien fasziniert mich mehr.

Ist nicht viel teurer, taxbelastungsmäßig. Ich habe als Hobby Bungy-Jumping eingegeben, und Gleitfliegen. Sie ahnen nicht, was ich da für ein Feedback habe. Kürzlich einer aus New Mexico. Gab mir alle seine Maße, ich meine, die vom Gleitflieger. Die haben so riesige Felsen in New Mexico, oder war das der aus Australien? Egal. Ist wahnsinnig bereichernd. Hat irgendwie das Rote Kreuz abgelöst, das Internet. Da kannst du tagelang rumsurfen ohne irgendwas von dem ganzen Blutbad da überall mitzukriegen.

8.2 Der Glanz der hohen Zahl

TSCHUDI *sehnsuchtsvoll* Acht Millionen dreihundertzwölftausendvierhundertdrei. Sechzig Millionen neunhundertzwotausendundelf. Vierhundertzwölf Millionen neunhundertneunundneunzigtausendeinhunderteinundzwanzig. Siebenhundertdrei Millionen einhundertzweiundfünfzigtausendundsechzehn. Zwei Milliarden dreihundertdreizehn Millionen fünfhundertvierzigtausendundeins. Achtzehn Milliarden nullhundertzweiundzwanzig Millionen achthunderttausend. Fünf Billionen dreihundertzwanzig Millionen einhundertdreiundzwanzigtausendachthundertvierzehn. Ja.

8.3 Tierwärter

DEÉR Manchmal denke ich, ich will überhaupt nie mehr zurück ins Management. Aus. Was völlig anderes machen. Tierwärter. Einmal das Fell eines Gorillas kraulen. Lebendes Fell. Am frühen Morgen, noch keine Zuschauer, nur du und deine Gorillas. Putz den Käfig. Ich glaube, nirgendwo fühlt man sich so frei wie im Zoo. Scheiße, alles ist voll Scheiße. Das stinkt, wunderbar. Die Stiefel verschissen, die Hosen, alles. Du hast ja den Schlauch. In einem Gorillakäfig kannst du spritzen wie zu Hause nie. Oder gar in der Firma. So ein Strahl, legt den stärksten Gorilla auf den Rücken. Du mußt schon aufpassen mit denen, du bist zwar das Alphatier, weil du das Futter bringst, aber wenn du einem Weibchen zu nahe kommst mit deinem Schlauch, wirds gefährlich, echt lebensgefährlich. Wenn der Chef sich aufrichtet auf seinen Hinterbeinen und mit den Fäusten gegen die Brust trommelt, ihr wißt, wie King Kong, da kann schon was passieren. Großartig, so was. Ein Gorilla ist ja wie ein Mensch, kurz vor der Schöpfung. Genau gleich, nur irgendwie menschlicher. Die haben so wunderbare Augen. Hast du je jemanden im Management gesehen, der so schaut wie ein Gorilla? So warm? Bei uns in der Firma hattest du das Gefühl, ab der Kaderebene hatten die alle Glasaugen. Auch die Frauen, diese Managementsfotzen sind ja das Letzte. Verglichen mit einem Gorillaweibchen. Ehrlich, ich finde, die sehen besser aus. Meine Frau zum Beispiel, ich kann mir nicht helfen, sogar wenn sie den Pelzmantel trägt: viel weniger Anmut. Ist allerdings ein Nerz, kein Gorilla. Vielleicht sollte ich ihr einen Gorillafellmantel kaufen zu Weihnachten. Ist eine gute Idee. Könnte unsrer Beziehung einen neuen Schub geben, wenn ich sie kraule, ihr Fell.

8.4 Waffen der Frau

WRAGE Waffen. Nicht nur Männer können mit Waffen umgehen. Das schaffen die Frauen auch: draufhalten, fies sein, den Gegner aus dem Weg räumen. Oh ja. – Die Waffen einer Frau. Hab ich auch nie drauf verzichtet. Hat mich regelrecht nach oben geschwemmt, daß ich eine Frau bin. Sexy. Natürlich ist mir nicht entgangen, wenn ich an der Dienstagskonferenz in den Sitzungssaal kam, wie die alle starrten. Die hohen Herren. Ich einmal um den ganzen Tisch rum, und hinter mit dreißig Augen, die glotzen, daß ich sie auf der Haut spüre. Bin ich blöd? Wenn die auf ihre Stielaugen stehen, bitte. Da tu ich ihnen den Gefallen. Ich habe das geübt, vor Jahren in Südafrika, wir waren da auf einer Promotionstour für die AX 15, war son Doppelspiegel im Hotel. Mußte furchtbar lachen, ich allein mit meinem Hintern, ein Glas Whisky in der Hand. – Von Panzerfäusten versteh ich mehr als alle Männer hienieden. – Herren. Sehr geehrte Herren, ich verrate Ihnen ein Geheimnis. Die Waffe der Frau ist ihr Kopf. Das mögt ihr nicht, Herren, daß jemand gescheiter als ihr ist. Eine Frau gar. Es liegt nun mal in der Natur der Sache, daß die Dummen die Gescheiten nicht verstehen und sie genau deshalb ihrerseits für dumm halten. – GOT IT? Na ja, ist halt ein bißchen schwierig für Männer. – Ihr, Herren, wenn ihr einen Nachfolger sucht, dann wollt ihr einen, der gescheit wie ihr ist; lieber noch ein kleines bißchen weniger. So daß nach spätestens drei Führungswechseln ein völliger Kretin auf dem Thron sitzt. – Schaut mal unsre Konzernspitze an. – In zehn Jahren gibts Päpstinnen. Und Präsidentinnen von Amerika. Schwarz, arm, jüdisch, weiblich. – Ich komme zurück. Und ich komme durchs Hauptportal zurück. Im Sonnenlicht. Spalier des Kaders. Teppich. An einem Dienstag. Direkt in die Konferenz. Und meine Handkantenschläge werden euch so zusetzen, daß ihr vergeßt, meinen Arsch anzustarren. – Ist zudem ideal für die innenpolitische Akzeptanz, wenn eine Frau den Konzern führt. Die Anti-Personen-Minen zum Beispiel, eindeutig auch betriebsintern umstritten, wenn wir die in ein Krisengebiet liefern wollen, die werden eindeutig humaner, wenn eine Frau die verkauft.

8.5 Büro aus Glas

JENKINS Oder ein Büro aus Glas. Oberster Stock, Dachterrasse. Die ganze Skyline. Tief unter mir der Central-Park, Sie verstehen, mein Büro ist in New York. Trägt meinen Namen, das Building. Jenkins-Building. Sind alle meine Unternehmen drin, The Julika-Jenkins-Corporation, Jenkins Jenkins and Jenkins. Jenkins International. Meine Mutter hat keine Ahnung. Glaubt, ich bin ne Edelnutte, oder lebe von der Sozialhilfe, die mit ihren ewigen Ängsten. Und dann, aus heiterem Himmel, schicke ich ihr ein Ticket, Zürich-New York, first class, oder mit der Concorde ab Paris, noch besser. Sie denkt natürlich, daß ich das Ticket gestohlen hab. Jeden Tag, Jahr für Jahr, hat sie mir in die Ohren geheult, daß aus mir nichts werden wird. Nichts, nichts, nichts. Ein Ozean zwischen mir und Mami, das ist die Minimaldistanz. Ich hole sie am Airport ab, VIP-Exit, und hinüber zur Limousine mit den abgedunkelten Fenstern. Sie wissen schon, lang wie die Ewigkeit, hinten so ne Haifischflosse, vorn ein schwarzer Chauffeur, der der Mami die Tür aufhält. Neben dem Chauffeur sieht sie wie ein Huschel vom Land aus. Neben mir sowieso. In meinem Büropalast überall emsige Angestellte, Guten Tag, Frau Chef, guten Abend, Frau Jenkins. Im Vorbeigehn zeichne ich noch schnell einen Vertrag ab, entschuldige, Mami, muß heut abend noch raus, wir übernehmen die ABB. Und oben in meinem Büro staunt die Mami auf den Lichterglanz des Broadway hinunter und dreht sich nach mir um und bricht in Tränen aus und sagt: Kind, ich hab dir Unrecht getan. Großartig hast du das gemacht. Großartig, Kind.

8.6 Honeymoon-Suite

BIHLER Zeit haben für meine Gattin, endlich mal. Bessere Hälfte, das ist schon gut gesagt: BESSERE Hälfte. Ich meine, sie ist mir jetzt seit fast zwanzig Jahren ein treuer Kamerad, und ich war kaum je zu Hause. Wie denn auch. Singapore, und dann gleich rüber nach San Francisco, wie das halt läuft. Manchmal, wenn sie mich am Airport abgeholt hat, ehrlich, ich hab sie gar nicht erkannt. Sie ist mir immer ein super Kumpel gewesen. Pferde stehlen kannst du mit der. Klaglos, die beklagt sich nie. Das letzte Mal hab ich Parfüm mitgebracht, aus dem Duty-free, son Fünferpack, fünf verschiedene Düfte, weiß ja nicht, wie sie riecht. Sie hat sich klaglos gefreut. Sie hat sich um meine Zuneigung wirklich verdient gemacht. Muß ich zugeben. So was von emotional konstant. Du hast eine Frau, du kennst sie kaum, und nach zwanzig Jahren steht sie immer noch am Airport wie ne Eins. Das ist mir ein Extra wert. Vielleicht buche ich doch das Wochenende im Marriot in Los Angeles, hab ich im Tele-Kiosk gesehen, die haben da sone Love-Suite, alles rosarot, sogar der Kamin. Wunderschön. Künstliches Feuer natürlich bei der Hitze, aber man kann die Klimaanlage so runterregulieren, daß man richtig gern vor dem Feuer sitzt. Ja, und dann Kaviar und Aperitif. Klima wieder rauf, damit sie im Negligé sein kann, gell. Theresa. Sieht immer noch toll aus, immer noch wie zwanzig, in soner Luxus-Suite kannst du das Licht ja ziemlich runterdimmen. Im anderen Raum ist ein Himmelbett, ozeanblau und gold, oder lindgrün, weiß jetzt nicht, jedenfalls, du kannst die Vorhänge zuziehen am Bett, echt scharf, also wenn wir dann genügend besoffen sind, nichts wie rein in die Kiste, und ich zieh sie mal richtig durch, damit sie wieder weiß, mit wem sie verheiratet ist. – Sie ginge eigentlich lieber in die Berge, in eine Hütte, sagt sie. Wäre eben auch billiger. Aber das ist sie mir wert, meine Theresa, grad jetzt wo wirs eigentlich nicht mehr haben, daß sie so was mal richtig genießen kann. Honeymoon-Suite heißt die, man kriegt sie aber auch einfach so.

8.7 Bergwanderung

MÜLLER Einmal nur möchte ich mit meinem Chef eine Bergwanderung machen. Ist nämlich ein begeisterter Alpinist, mein Chef. Wunderbarer Sommertag muß es sein, klare Luft. Fernsicht. Wir steigen höher und höher. Kann sein, daß der Chef hie und da jauchzt, ist zu befürchten. Und wenn wir oben sind, über der Nordwand, tief unter uns der Gletscher, stoße ich ihn, so, schnell wie eine Mischung aus Kobra und Dampframme. Da fliegt er, mein Chef, rudert mit den Armen. Um irgendwo Halt zu finden, Rücken nach unten, das entgeisterte Gesicht mir zugewandt. Müller! ruft er. Müller!! Aber es hat sich ausgemüllert, Herr Chef. Hilfe, ruft er inzwischen. *Verhallend.* Hiiilfeee. Weit unten schlägt er auf einer Felsnase auf, mit der Nase. Die reißt es ihm einfach weg. Tut wahnsinnig weh. Die fliegen nun nebeneinander her, Nase und Chef. Freier Fall zwar, aber kein Vakuum, darum fliegt der Chef schneller. Fünfzig Gramm Nase, achtzig Kilo Chef, logisch. Nun stürzt er Kopf voran, was da vom Kopf nach dem Aufprall noch ist, Blutbad, aber noch gehts ihm so gut, dem Armen, daß er ohne Probleme den Gletscher sieht, der in einem Affenzahn auf ihn zugerast kommt. Obwohls natürlich umgekehrt ist, er rast auf den Gletscher zu. Dem ist das egal, daß da der Chef gleich auf ihm in den Tilt gehen wird, der hält auch einen Flugzeugcrash locker aus. Ein letztes panisches Brüllen, das sogar ich auf meinem hohen Gipfel oben höre, und dann hauts den Chef auf so hohe spitze Eiszacken, wie Schwerter sind die, wie Speere, da geht er natürlich kaputt dabei, das zerfetzt ihn. Seine Teile fliegen nur so rum. Blut, ich kanns von oben sehen. Der schöne ewigblaue Eisgletscher ist völlig versaut. Wird kaum mehr zu identifizieren sein, der arme Chef, an seinen Zähnen vielleicht. Hatte ein Gebiß wie ein krankes Pferd. Gott sei seiner Seele gnädig. Er hat das Schicksal gefunden, das ihm seine ganze Belegschaft gewünscht hat. Na ich, ich hole dann das Picknick hervor und esse erst mal meinen Salametti. Die Nase ist inzwischen auch gelandet. Ich trinke einen Schluck Red Bull. Und dann mache ich mich auf den Abstieg.

8.8 Mundharmonika

Neuenschwander spielt auf einer Mundharmonika Teile aus Mozarts Kleiner Nachtmusik. Oder etwas Ähnliches.

9. Die Gangübungen (3)

Tschudi ist wieder der Lehrer, Deér der Klient.

Tschudi Also, Herr Deér, das ist ja wirklich indiskutabel, diese Haltung! Reißen Sie sich ein bißchen am Riemen, was hab ich gesagt? Kopf, Schulter, die Hände und die Füße! So! Wirklich! *Deér geht halbwegs normal.* Na, das ist ja schon viel besser. Jetzt kommen Sie mal zu mir her. Jetzt möcht ich, daß Sie mir Ihre Seele zeigen. In der Firma muß man Biß zeigen. *Deér geht ungelenk, starr.* Sehr gut, als nächstes, gehn Sie ein bißchen in die Knie, jaaaa. Sehr schön. Und jetzt noch Brust raus! *Deér geht wie ein Vollidiot.* Herr Deér, gratuliere! *Gibt ihm die Hand, Deér drückt sie ganz euphorisch.* Auuu.

10. Die Märchen

10.1 Hans im Glück

NEUENSCHWANDER Früher, da hats mal einen gegeben, Hans, der arbeitete sieben Jahre in irgend ner Firma, im Angestelltenverhältnis. Kriegte, als er kündigte, einen Klumpen Gold. Ihr glaubts nicht, auf dem Weg nach Hause gab er ihn für ein Pferd her, das Pferd für eine Kuh, die Kuh für ein Schwein, das Schwein für ne Gans, die Gans für einen Schleifstein. Gibts heut nicht mehr, brauchte man, um Scheren zu schleifen. Der fiel ihm in einen Brunnen, und ohne nichts kam er zu Hause an und fiel seiner Mutter um den Hals. Wahnsinn. Minimal hunderttausend Mille im Brunnen, und glücklich.

10.2 Das Märchen von den Vätern und Söhnen

MÜLLER Einst suchte jeder Sohn, kaum war er ein Jüngling geworden, draußen in der Welt einen Mann, einen Onkel etwa oder sonst einen tüchtigen Kerl, der ihn die Dinge des Lebens lehren sollte. Der sie so gut beherrschte wie der Vater, aber eben nicht der Vater war.

So konnte der Sohn den Vater hinter sich lassen und trotzdem lernen, einen Pfeil zu schnitzen, einen Hirsch zu schießen, froh zu sein. Und tatsächlich, wenn der Vater starb, konnte der Sohn einen Pfeil schnitzen, einen Hirsch schießen, und er war froh. Wenn SEIN Sohn ein Jüngling wurde, suchte auch der, wie das Gesetz es wollte, einen tüchtigen Mann irgendwo, einen Onkel, ein Vorbild, auf daß auch er von den Dingen des Lebens wußte, ohne am Vater kleben zu bleiben. Er wurde seinerseits ein tüchtiger Vater. Und so weiter, bis ans Ende aller Tage.

10.3 Der Fischer und seine Frau

KRAUSE Da waren mal ein Fischer und seine Frau, die wohnten in einem Pißpott. Und der Fischer fing einen riesigen Butt, der konnte sprechen, der sagte doch tatsächlich, laß mich schwimmen, ich bin gar kein Butt, ich bin ein verwunschener Prinz. Logisch, daß der Fischer ihn schwimmen ließ. Er erzählte es seiner Frau. Die rief, bist du wahnsinnig, warum hast du dir keine Belohnung gewünscht, eine richtige kleine Hütte? Also ging der Mann zum Wasser und rief: »Mandje! Mandje! Timpe Te! Buttje, Buttje in de See! Mine Fru, de Ilsebill, will nich so als ik wol wil.« Und zack, stand die kleine Hütte da. – Na dann wollte die Alte immer mehr, ein Schloß aus Stein, Königin sein, Kaiser, Papst!, aber auch das reichte nicht, und sie rief, sie wolle Gott sein. Der Fischer sagte es dem Butt, und der Butt sagte: »Fischer, gaa man naahus tu diine Fru. De sitt allwedder inne Pißpott.«

10.4 Die Utopie vom Menschen

BIHLER Es wird, es muß die Zeit kommen, da wir Menschen uns achten und mit Würde begegnen. Ja. Da wir unsre Bedürfnisse stillen, ohne uns niederzutreten im Kampf um immer mehr. Ohne die Tiere zu morden, die Bäume zu fällen, die Wässer zu trüben.
Da ein jeder Mensch dem andern gleich seinen Teil leistet. Da die Frauen nicht den Männern untertan sind, und die Männer nicht den Frauen. Da die Menschen das tun, was zu tun ihnen ihre Begabung erlaubt, an ihrem Ort, mit ihrer Kraft, in Freiheit. Mit dem Feuer ihrer Herzen. Und zu ihrer Zeit.
Jeder wird seine eigene Zeit haben. Das

Schlagen unsrer Herzen wird unser Maß werden, das Atmen der Lungen.

Oh, natürlich werden wir arbeiten. Wir werden Dinge herstellen, notwendige und auch ein paar überflüssige, wir werden mit ihnen handeln. Oh ja. Wir werden sie verkaufen und kaufen. Oh gewiß. Aber nach den Bedürfnissen aller, in denen die unsern enthalten sein werden. Unsre Grenzen werden wir als Glück und nicht als Mangel erleben. Wir werden nicht alles haben wollen, und werden nicht alles haben. Aber keiner wird nichts haben.

Die Flüsse sind voller Fische. Die Luft ist ein Getränk. Die Wiesen leuchten. Die Städte sind schön. Wir sind wir und fühlen uns als uns. Es gibt kein Ich, das nur »Ich« sein kann, wenn es ein Du tötet. Es wird den Tod geben, den Schmerz, das Leid. Die Trauer, wenn sich ein Schicksal erfüllt zu seiner Zeit oder vor seiner Zeit gar. Aber keiner wird dann allein sein mit seinen Tränen.

Die Menschen werden trösten und helfen. So wird es werden, wenn nicht in diesem, dann im nächsten Jahrtausend.

11. EXERZIERFELD

Japanische Kampfübungen, mit gebellten Kommandos, in der Gruppe. Ritualisierte Aggression. Gerade noch kontrollierte Gefährlichkeit.

11.1 Die große Klage

Jede neue Zeile wird von einem andern Sprecher gesprochen. Wimmernder Beginn, alle kriechen wie die Würmer, hilflos ausgesetzt. Zunehmendes Pathos, zunehmendes Flehen, zunehmende Panik. Die einzelnen Firmennamen, Bibelsätze, Anrufungen, Zahlen werden überlappend gesprochen. Oft gleichzeitig. Ein pathetisches Flehen zu den Göttern unsrer Tage.

ALLE Nestlé!
  Metro International!
  ABB!
  Glencore International!
  Oh!
  Novartis! Oh Novartis!
  Oh Migros!
  Ahh!!
  PTT!

Kraft-Jacobs-Suchard!
Oh Coop!
Ohhhh!
Holderbank Financière!
Oh Richemont!
Oh!
Oh André et Companie!
Alusuisse-Lonza!
Danzas!
Swissair! Oh Swissair!
Swiss Federal Railways!
Sulzer!
Oh Klaus J. Jacobs Holding!
Das A und das O!
Oh Kühne und Nagel!
Oh Elektrowatt!
Schindler!
Der Erste und der Letzte!
Oh Erb!
Oh Dupont de Nemour International!
Panalpina Welttransport!
Wer Ohren hat der höre!
Oh Oerlikon-Bührle-Holding!
Oh Liebherr International!
Adia!
Careal Holding!
Merkur!
Oh Landis und Gyr!

Fünf Milliarden achthundertsechsunddreißig Millionen fünfhunderttausend!
Oh Merck!
Oh Manor!
Diethelm Holding!
Surveillance Holding!
Oh Kuoni Reisen Holding!
Und da ward ein großes Erdbeben, und die Sonne ward schwarz wie ein hären Sack, und der Mond ward wie Blut.
Oh SMH.
Amag!
Karl Schweri!
Volcafé!
Shell Switzerland!
Oh Interdiscount
ALLE Ahhh!!!
Jelmoli!
Oh Unilever Switzerland!
Sechs Milliarden zweihunderteinundfünfzig Millionen vierhunderttausend!
Oh Saurer Holding!
Hesta!
SIG!
Oh Globus!
NOK!
Oh Rieter Holding!
Denner!

Am Horizont vier Reiter.
Oh Hotelplan!
IBM Switzerland!
Das erste Pferd weiß!
Oh Sika-Finanz!
Oh Bayer Switzerland!
Das zweite Pferd rot!
Leica!
Oh Charles Vögele!
Esso Schweiz!
Das dritte Pferd schwarz!
Oh SRG!
Siber Hegner Holding! Oh!
Oh Jumbo Markt!
Siemens Albis!
Das vierte Pferd fahl, und der darauf sitzt, des Namen heißt Tod!
ALLE Ahhhh!
Mene mene Tekel!
BKW Energie!
Oerlikon Contraves!
Und die Sterne des Himmels fielen auf die Erden!
Sieben Milliarden einhunderteinundneunzig Millionen einhunderttausend!
Steinbeck Holding!
Cerberus!
Opel Suisse!

Oh Fabriques de Tabac Réunies!
Ciment Portland!
Oh EG Laufenburg! Oh Zschokke!
Und die Könige auf Erden, und die Reichen und die Gewaltigen verbargen sich in den Klüften und Felsen an den Bergen.
Marti Holding!
Lindt und Sprüngli! Lindt und Sprüngli!
Acht Milliarden zweiundsechzig Millionen!
EMS Chemie Holding!
Keramik Holding!
Scintilla!
ALLE Ohhhh!
Und es war ein Hagel und Feuer mit Blut gemengt und fiel auf die Erden, und das dritte Teil der Bäume verbrannte, und alles grüne Gras verbrannte.
Oh Bucher Holding!
Pelikan Holding!
Volg! Oh Volg!
Und der dritte Teil des Meeres ward Blut und das dritte Teil der lebendigen Kreaturen im Meer storben und das dritte Teil der Schiffe wurden verderbet.
Oh Cementia Holding!
Biber!
Oh Migros Restaurants!
Oh Holvis!

Alle Ahhhhh!
Und es fiel ein großer Stein vom Himmel auf das dritte Teil der Wasserströme. Und der Name des Sterns hieß Wermut, und viel Mensch storben von den Wassern.
Oh Fuchs Petrolub!
Sihl!
Elisabeth Arden GmbH!
BASF Switzerland!
Neun Milliarden sechshundertzehn Millionen achthunderttausend!
Grands Magasins Jelmoli!
Zehn Milliarden dreihundertzwanzig Millionen fünfhunderttausend!
Amman! Amman!
Energie de l'Ouest Suisse!
Göhner-Merkur!
Oh Möbel Pfister!
Emmi! Oh Emmi! Emmi!
Weh weh weh denen die auf Erden wohnen!
Zehn Milliarden neunhundertsiebzig Millionen zweihunderttausend!
Debrunner Koenig Holding!
Von Roll Isola!
Oh Attisholz Holding!
Und Heuschrecken kamen auf Erden, und ihnen ward Macht gegeben wie die Skorpione auf Erden Macht haben. Und es ward ih-

nen gegeben, daß sie nicht töteten, sondern sie quälten fünf Monate lang. Und die Menschen werden den Tod suchen und nicht finden und werden begehren zu sterben, und der Tod wird vor ihnen fliehen.
Oh Industrielle Werke Basel!
Philips Schweiz!
CKW!
Desco von Schultheiss!
Renault Suisse!
Orell Füssli Werbe!
Elf Milliarden fünfhundertzehn Millionen siebenhunderttausend!
Volg Konsumwaren!
Elf Milliarden neunhundertzwanzig Millionen zweihunderttausend!
Stuag!
Stäfa Control System!
Oh Sarna Kunststoff Holding!
Bucherer!
Jacky Maeder!
Und die auf den Rossen saßen, hatten feurige und gelbe und schweflige Panzer. Und die Häupter der Rosse waren wie die Häupter der Leuen, und aus ihrem Mund ging Feuer und Rauch und ward getötet das dritte Teil der Menschen, von dem Feuer und Rauch und Schwefel, der aus ihren Munde ging.

Oh Luwa!
Dosenbach und Companie!
Schenk!
Industrieholding Cham!
Oh Crémo!
Carl Spaeter!
Faselec!
Pistor!
Zwölf Milliarden zweihundert Millionen!
Und es wurden Donner und Blitz. Und war eine große Erdbebung, daß solche nicht gewesen ist seit die Menschen auf Erden gewesen sind. Und alle Städte zerfielen. Und alle Inseln versanken. Und keine Berge blieben über.
A. H. Meyer und Companie!
Uniwood Holding!
Securitas-Securiton!
Alcatel!
Logitech International!
Oh Arbonia Forster!
ALLE Ahhhhhh!
Compaq Switzerland!
ATAG Ernst and Young!
Pickpay!
Oh BAT Suisse!
Swissôtel!
Zehnder Holding!

Spengler!
Crossair!
ALLE Ahhhhhh!

12. ABSCHIED

Alle. Die Szene schließt direkt an die große Klage an. Jähe Verwandlung. Wie zu Beginn. Aufgeräumte, optimistische Stimmung.

WRAGE Frau Jenkins wird uns heute verlassen. Sie hat eine Stelle gefunden. Nicht ganz das ursprünglich Geplante. Aber tolle Sache. Sie wird nach Kuingfong gehen. Das ist eine kleine, äußerst dynamische Industriestadt in Südkorea, nahe der Grenze zu Nordkorea. Nestlé investiert dort. Frau Jenkins wird die Koordination mit dem Stammhaus übernehmen. Das wollen wir doch feiern! Frau Jenkins, im Namen der »New Challenge Company« und, da bin ich mir sicher, im Namen von uns allen hier, wünsche ich Ihnen für Ihre Karrierefortsetzung alles Gute.

Alle applaudieren.

JENKINS Danke. Vielen Dank. Ihnen, Frau

Wrage, Ihnen möchte ich als erste danken für die effiziente Unterstützung, die ich bei Ihnen finden durfte. Ihre Tips, Ihr kompetentes Coaching, Ihre Warmherzigkeit, die ganze Infrastruktur waren mir eine echte Hilfe. Zu Ihnen durfte ich ja auch kommen, wenn es mit dem positiven Denken mal nicht so klappte. *Kleine Heiterkeit.* Ich sehe der neuen Herausforderung mit Spannung und Freude entgegen. Asien, stand nie auf meinem Lebensplan. Muß ich ehrlich sagen. Aber ich bin ja jetzt auch in dem Alter, jung noch, aber nicht mehr ganz ganz jung ...

BIHLER, DEÉR, MÜLLER, KRAUSE *galant protestierend* Na, na. Jetzt machen Sie aber einen Punkt. Ein Kind sind Sie noch, Frau Jenkins ...

JENKINS ... wo man es noch einmal wissen will. Ich freue mich. Mein Mann bleibt ja hier, da muß ich jetzt mal allein meinen Mann stehen.

Heiterkeit.

DEÉR Passen Sie auf, diese Koreaner, das sind ganz heiße Burschen.

Gelächter.

JENKINS Es gibt ja das Telefon.
BIHLER Ich habe meine Ex-Frau mal mehr als ein Jahr per Fax geliebt, ging bestens.

Heiterkeit.

JENKINS Und ich habe drei Freiflüge im Jahr. *Zu Herrn Müller* Herr Müller. Danke für alles. Und alles Gute.
MÜLLER Ihnen auch, Frau Jenkins. Schreiben Sie uns.
JENKINS Mach ich. – Wiedersehen, Herr Deér.
DEÉR Passen Sie mit dem Essen auf. Die essen da unten Hunde und Ameisen.
JENKINS Bin eh Vegetarierin. – Tschüs, Herr Krause.
KRAUSE Tschüs. Und toi, toi, toi.
JENKINS *übersieht Tschudi beinah, dann doch noch* Ja, Wiedersehn, Herr Tschudi.
TSCHUDI Wiedersehn.
JENKINS Frau Wrage. *Gibt ihr die Hand. Stille. Dann* Ja. Dann will ich mal.
Ab. Alle sehen ihr nach. Die Szene ist der Beginn des Abends. Der Tanz der verlorenen Seelen. Black.

Ende.

Anhang

TOP DOGS war ein Projekt des Neumarkt Theaters Zürich. Ich schrieb den Text, Volker Hesse inszenierte, und wir trieben das Projekt von allem Anfang an gemeinsam voran. TOP DOGS spricht von jenen Arbeitslosen – »Top dogs« eben einst, nicht »Underdogs« –, die vor ihrer Entlassung an den Schalthebeln der Macht gesessen haben. Von mittleren und höheren Kadern und, für einmal, nicht von denen, die das große und immer größer werdende Heer der Arbeitslosen bilden. Aber auch die »Helden« unseres Stücks werden immer mehr. Sie, die bis vor kurzem noch unangreifbar schienen, werden nun plötzlich entlassen, weil Unternehmen umstrukturiert, redimensioniert oder geschlossen werden. Die Entlassungswelle hat die »Macher« erreicht. Ganze Managementsebenen verschwinden von einem Tag auf den andern. Auch höchste Führungspositionen großer Konzerne werden nicht geschont.
Der Text ist das Echo vieler Gespräche, die wir mit Betroffenen und Beratern geführt haben. Ja, man kann sagen, daß diese an dem Stück mitgeschrieben haben, auch wenn kein Interview im Maßstab 1:1 im Stück auftaucht. Und dies nicht nur aus Gründen der Diskretion,

sondern auch aus künstlerischen. Aber auch die Verdichtung und poetische Verwandlung dessen, was uns erzählt worden ist, enthält immer noch Wahrheiten und Informationen, die nicht unserer Phantasie entsprungen sind. Manchmal ist, bekanntlich, die Wirklichkeit erfinderischer als die Phantasie.

Es geht in TOP DOGS nie um einseitige Schuldzuweisungen oder ideologische Parolen. Und umgekehrt auch nicht darum, bloße Betroffenheit zu erwecken. Erkenntnis, das wäre schon besser. Vielleicht sensibilisiert TOP DOGS die Zuschauer für Vorgänge, die bei vielen Betroffenen Scham auslösen, obwohl sie durchaus wissen, daß sie keine »Schuld« trifft. Denn wie sollen Menschen an ihrer Entlassung schuld sein, nur weil Industrie- und Dienstleistungsunternehmen immer radikaler ohne Menschen auskommen zu können meinen?

Wir arbeiteten in unserer Inszenierung mit beweglichen Zuschauertribünen, die immer neue Räume schufen. So gab es Szenen – der Anfang etwa, die »Schlacht der Wörter«, oder die Kampfübungen –, die den ganzen großen Theaterraum brauchten, und andere, die – die »Träume« am deutlichsten – die Szenen in die äußerste Intimität trieben, indem die Schauspieler, die Schauspielerinnen den Zuschauern radikal nahe

kamen. Zudem wurden die »Träume« simultan an fünf Spielorten gespielt, je drei pro Tribüne. Zwei Träume verpaßte man, unvermeidlich.
Das Stück ist für die Stadt Zürich geschrieben. Einige Szenen spielten wir im Dialekt. Gewiß muß ein Theater an einem andern Ort, in einem andern Land manche Texte den dort gegebenen Verhältnissen anpassen.

In der Inszenierung von Volker Hesse spielten: Urs Bihler, Dodó Deér, Julika Jenkins, E. Heinrich Krause, Hanspeter Müller, Michael Neuenschwander, Gilles Tschudi, Susanne-Marie Wrage, die den Figuren des Stückes auch die Namen gaben.
Die Premiere fand am 14. Mai 1996 am Theater am Neumarkt in Zürich statt. Die Inszenierung wurde 1997 zum Berliner Theatertreffen ausgewählt. Dort wurden Stück und Inszenierung mit dem 3sat-Innovationspreis ausgezeichnet. Außerdem war das Stück in der Zürcher Inszenierung nach Mülheim eingeladen, wo es, als eines von den acht vorausgewählten Stücken, mit dem Mülheimer Dramatiker Preis prämiert wurde. In der Umfrage unter 45 Kritikern im Jahresheft 1997 der Zeitschrift »Theater heute« wurde Urs Widmers Königsdrama TOP DOGS zum Stück des Jahres gekrönt.

URS WIDMER
geboren 1938 in Basel, lebt heute in Zürich.

Prosa:
Alois. Erzählung, Zürich 1968; *Die Amsel im Regen im Garten.* Erzählung, Zürich 1971; *Das Normale und die Sehnsucht.* Essays und Geschichten, Zürich 1972; *Die Forschungsreise.* Ein Abenteuerroman, Zürich 1974; *Die gelben Männer.* Roman, Zürich 1976; *Vom Fenster meines Hauses aus.* Prosa, Zürich 1977; *Hand und Fuß – ein Buch* Moon Press 1978; *Das enge Land* Roman, Zürich 1981; *Liebesnacht.* Erzählung, Zürich 1982; *Die gestohlene Schöpfung.* Ein Märchen, Zürich 1984; *Indianersommer.* Erzählung, Zürich 1985; *Das Verschwinden des Chinesen im neuen Jahr,* Zürich 1987; *Auf auf, ihr Hirten! Die Kuh haut ab!* Kolumnen, Zürich 1988; *Der Kongress der Paläolepidopterologen.* Roman, Zürich 1989; *Die sechste Puppe im Bauch der fünften Puppe im Bauch der vierten Puppe und andere Überlegungen zur Literatur* Grazer Poetikvorlesungen, Graz 1991; *Das Paradies des Vergessens.* Erzählung, Zürich 1990; *Der blaue Siphon.* Erzählung, Zürich 1992; *Liebesbrief für Mary.* Roman, Zürich 1993; *Im Kongo.* Roman, Zürich 1996. *Vor uns die Sintflut.* Erzählungen, Zürich 1998; *Der Geliebte der Mutter.* Roman, Zürich 2000; *Das Geld, die Arbeit, die Angst, das Glück.* Zürich 2002.

Theaterstücke:
Die lange Nacht der Detektive. UA Basler Theater 1973; *Nepal* UA Städtische Bühnen Frankfurt 1977; *Stan und Ollie in Deutschland* UA Tams München 1979; *Züst oder die Aufschneider* UA Schauspiel

Frankfurt 1981; *Der neue Noah* UA Schauspielhaus Zürich 1984; *Alles klar* Theater am Neumarkt 1987; *Der Sprung in die Schüssel* UA Tams München 1990; *Frölicher – Ein Fest* UA Vaudeville-Theater Zürich 1991; *Jeanmaire. Ein Stück Schweiz* UA Lukas Leuenberger Theaterproduktion, Bern 1992; *Top Dogs* UA Theater am Neumarkt, Zürich 1996; *Die schwarze Spinne* UA Theater am Neumarkt, Zürich 1998; *Bankgeheimnisse* UA Vaudeville-Theater Zürich

Preise und Auszeichnungen:
1974 Karl-Sczuka-Preis des SWF; 1976 Hörspielpreis der Kriegsblinden für *Fernsehabend;* 1985 Preis der Schweizer Schillerstiftung; 1989 Basler Literaturpreis; 1989 Ehrengabe des Kantons Zürich; 1992 Preis des SWF-Literaturmagazins; 1995 Aufnahme in die Deutsche Akademie für Sprache und Dichtung; 1995 Kunstpreis der Stadt Zürich für Literatur; 1997 Kunstpreis der Gemeinde Zollikon; 1997 3sat-Innovationspreis für Top Dogs; 1997 Mülheimer Dramatiker Preis; 1998 Heimito von Doderer-Preis; 1999 Aufnahme in die Akademie der Künste Berlin-Brandenburg; 2001 Bert-Brecht-Literaturpreis der Stadt Augsburg; 2002 Franz-Nabl-Preis der Stadt Graz; 2002 Großer Literaturpreis der Bayerischen Akademie der Schönen Künste; 2002 Prix des Auditeurs von Radio Suisse Romande

THEATERBIBLIOTHEK
im Verlag der Autoren

BAYER Konrad, *Theatertexte*
BOAL Augusto, *Mit der Faust ins offene Messer*
BOEHLICH Walter, *1848*
BRAUN Karlheinz (Hrsg.), *MiniDramen*
CAMPBELL Ken, *Mr. Pilks Irrenhaus*
CHARMS Daniil, *Theater!*
CLAUS Hugo, *Freitag / Visite / Winterabend*
CORNEILLE Pierre, *Der Cid / Spiel der Illusionen*
DEICHSEL Wolfgang, *Werke*
– *Band 1: Etzel*
– *Band 2: Der hessische Molière*
– *Band 3: Frankenstein I. Aus dem Leben der Angestellten*
– *Band 4: Frankenstein II. Die Zelle des Schreckens*
– *Band 5: Loch im Kopf*
– *Band 6: Komiker*
DORN Thea, *Marleni*
ENZENSBERGER Hans Magnus, *Nieder mit Goethe!/ Requiem für eine romantische Frau*
EÖRSI István, *Hiob proben und andere Stücke*
FASSBINDER Rainer Werner, *Antiteater*
– *Anarchie in Bayern und andere Stücke*
– *Der Müll, die Stadt und der Tod /Nur eine Scheibe Brot*
– *Die bitteren Tränen der Petra von Kant/Tropfen auf heiße Steine*
– *Bremer Freiheit / Blut am Hals der Katze*
– *Katzelmacher / Preparadise sorry now*
FELS Ludwig, *Der Affenmörder*
– *Soliman / Lieblieb*
FO Dario, *Comica Finale*
– *Diebe, Damen, Marionetten*

- *Hilfe, das Volk kommt!*
- *Johan vom Po entdeckt Amerika*
- *Der Papst und die Hexe*
- *Wer einen Fuß stiehlt, hat Glück in der Liebe*

GENET Jean, *Splendid's / Sie*
HAPPEL Wilfried, *Das Schamhaar / Mordslust*
HUB Ulrich, *Die Beleidigten/Blaupause*
JONKE Gert, *Opus 111. Ein Klavierstück*
KOLTÈS Bernard-Marie, *Roberto Zucco / Tabataba*
- *Bitternisse/Dumpfe Stimmen/Das Erbe*
- *Prolog und andere Texte*
- *Rückkehr in die Wüste*
- *Sallinger*

KUSZ Fitzgerald, *Let it be. Drei Stücke von der Liebe*
- *Schweig Bub! / Letzter Wille*
- *Stücke aus dem halben Leben*

LABICHE Eugène/STRAUSS Botho, *Das Sparschwein*
LANOYE Tom & PERCEVAL Luk, *Schlachten!*
LOHER Dea, *Adam Geist*
- *Fremdes Haus*
- *Olgas Raum / Tätowierung / Leviathan*
- *Magazin des Glücks*
- *Manhattan Medea / Blaubart – Hoffnung der Frauen*
- *Klaras Verhältnisse*

von MAYENBURG Marius, *Feuergesicht / Parasiten*
- *Das kalte Kind/Haarmann*

MOLIÈRE, *Der Menschenfeind / Der Tartuffe*
MÜLLER Elfriede, *Die Bergarbeiterinnen / Goldener Oktober*
PEREC Georges, *Die Gehaltserhöhung/Die Kartoffelkammer*
POHL Klaus, *Das Alte Land*
- *Karate-Billi kehrt zurück / Die schöne Fremde*
- *La Balkona Bar / Hunsrück*

RACINE Jean, *Phädra / Andromache*

RACINE Jean, *Berenike/Britannicus*
REINSHAGEN Gerlind, *Himmel und Erde*
ROTH Friederike, *Ritt auf die Wartburg / Klavierspiele*
RÜHM Gerhard, *Theatertexte*
SCHNEIDER Hansjörg, *Der Irrläufer*
SEIDEL Georg, *Carmen Kittel / Königskinder*
SIERENS Arne, *Drummer / Mein Neger*
SÖDERBERG Hjalmar, *Gertrud / Abendstern*
SONTAG Susan, *Alice im Bett*
SOROKIN Vladimir, *Dostojevskij-Trip/Krautsuppe, tiefgefroren*
- *Dysmorphomanie / Das Jubiläum*
- *Pelmeni / Hochzeitsreise*
SPECHT Kerstin, *Lila /Das glühend Männla / Amiwiesen*
- *Carceri / Mond auf dem Rücken / Der Flieger*
- *Königinnendramen: Die Froschkönigin / Schneeköniginnen / Die Herzkönigin*
- *Marieluise/Das goldene Kind/Solitude*
SRBLJANOVIC Biljana, *Familiengeschichten. Belgrad*
WAECHTER Friedrich Karl, *F.K. Waechters Erzähltheater*
- *F. K. Waechter in 7 Stücken*
WALSER Theresia, *Die Heldin von Potsdam*
- *King Kongs Töchter*
- *Kleine Zweifel / Das Restpaar*
- *So wild ist es in unseren Wäldern schon lange nicht mehr*
WIDMER Urs, *Jeanmaire. Ein Stück Schweiz*
- *Die lange Nacht der Detektive*
- *Nepal / Der neue Noah*
- *Der Sprung in der Schüssel / Frölicher – ein Fest*
- *Stan und Ollie in Deutschland / Alles klar*
- *Top Dogs*
- *Die schwarze Spinne /Sommernachtswut*
- *Züst oder Die Aufschneider*
WOUDSTRA Karst, *Das stille Grauen eines Wintertages in Ostende / Strand*

OHIO UNIVERSITY LIBRARY
Please return this book as soon as you have finished with it. In order to avoid a fine it must be returned by the latest date stamped below. All books are subject to recall after two weeks or immediately if needed for reserve.

CF